특정경제범죄 사기·공갈·횡령·배임·업무상횡령/배임 처벌방법

5억 원 이상 사기·횡령·배임
특정경제범죄
성립요건/고소방법

편저 : 대한법률콘텐츠연구회
(콘텐츠 제공)

해설 · 최신서식

법문북스

머 리 말

　범죄피해 액이 몇 억 원은 기본이고 10억 100억 원도 넘는 경우도 흔히 볼 수 있습니다. 언론에서 보도되는 내용을 보면 1,000억 원이 넘는 그러한 사건도 많은 편입니다. 부동산은 얼마 전까지만 해도 몇 억 가던 아파트가 지금은 몇 십 억이 가고 범죄에 휘말려 피해를 입으면 피해금도 억대들이 훨씬 넘습니다. 몇 억도 안 되는 아파트가 여기도 오르고 저기도 올랐기 때문에 몇 억짜리 아파트를 몇 십 억으로 올려놓고 사는 꼴입니다. 외국의 경우 부동산은 가면 갈수록 부동산의 값이 떨어지는 데 우리나라는 가면 갈수록 오래 된 아파트라고 하더라도 전철역이 가깝게 있다거나 위치만 좋으면 몇 십억 원이 갑니다. 누구든지 오를 때 오른 값을 쳐서 거래하고 팔고 사는 것이지 나만 적게 받고 싸게 팔면 바보소리를 듣습니다.

　수사기관에 고소를 하더라도 과거에는 몇 억이 큰돈일 때는 부자라는 소리도 듣고 많은 돈이 오고간 사건은 그렇게 많지 않았습니다. 그래서 특정경제범죄를 다루는 법률도 제정하지 않았습니다. 이렇게 거래하고 오고가는 돈의 액수가 크고 범죄피해 액이 5억 원이 넘는 피해자가 많이 생기는 바람에 특정경제범죄의 가중처벌 등에 관한 법률을 제정하였습니다.

　특정경제범죄 가중처벌 등에 관한 법률 제3조 제1항에 의하면 형법 제347조(사기), 제350조(공갈), 제351조(제347조 및 제350조의 상습범에 한합니다), 제355조(횡령, 배임), 제356조(업무상의 횡령과 배임)의 죄를 범한 자는 그 범죄행위로 인하여 취득하거나 제3자로 하여금 취득하게 한 그 재물 또는 재산상 이익의 가액이 5억 원 이상인 때에는 1.이득 액이 50억 원 이상인 때에는 무기 또는 5년 이상의 징역, 2.이득 액이 5억 원 이상 50억 원 미만인 때에는 3년 이상의 유기징역에 처합니다.

　특정경제범죄 가중처벌 등에 관한 법률을 적용하기 위해서 특정경제범죄 가중처벌 등에 관한 법률 제3조가 대상으로 하는 재산범죄(사기죄, 공갈죄, 횡령죄, 배임죄, 업무상횡령죄, 업무상배임죄)가 성립하여야 합니다.

　그러나 특정경제범죄 가중처벌 등에 관한 법률의 적용을 위한 특수요건으로서는 이득액이 일정한 금액에 도달하여야 합니다.

형법 제347조 사기죄는 사람을 기망하여 재물의 교부를 받거나 재산상 이익을 취득하거나 제3자로 하여금 재물의 교부를 받게 하거나 재산상의 이익을 취득하게 함으로써 성립하고, 그 교부받은 재물이나 재산상 이익의 가액이 얼마인지는 문제되지 않습니다. 그러나 특정경제범죄 가중처벌 등에 관한 법률 위반에 있어서 재산범죄의 객체인 재물이나 재산상 이익의 가액이 5억 원 이상 또는 50억 원 이상이라는 것이 범죄구성요건의 일부로 되어 있고 그 가액에 따라 그 죄에 대한 형벌도 가중되어있습니다.

특정경제범죄 가중처벌 등에 관한 법률을 적용함에 있어서는 재물이나 재산상 이익의 가액을 엄격하고 신중하게 산정함으로써 범죄와 형벌 사이에 적정한 균형이 이루어져야만 한다는 죄형균형 원칙이나 형벌은 책임에 기초하고 그 책임에 비례하여야 한다는 책임주의 원칙이 훼손되지 않도록 하여야 합니다. 그런데 가액산정에 있어서 여러 가지 문제점이 발생할 수가 있습니다.

사람을 기망하여 부동산의 소유권을 이전받는다거나 제3자로 하여금 이전받게 함으로써 이를 편취한 경우 특정경제범죄 가중처벌 등에 관한 법률 제3조의 적용을 위한 부동산의 가액을 산정함에 있어서 그 부동산에 아무런 부담이 없는 때에 그 부동산의 시가 상당액이 곧 그 가액이라고 볼 것이지만, 그 부동산에 근저당권설정등기가 경료 되어 있다거나 압류 또는 가압류 등이 이루어져 있는 때에는 특별한 사정이 없는 한 아무런 부담이 없는 상태에서의 그 부동산의 시가 상당액에서 근저당권의 채권최고액 범위 내에서의 피담보채권액, 압류에 걸린 집행채권액, 가압류에 걸린 청구금액 범위 내에서 피보전채권액 등을 뺀 실제의 교환가치를 그 부동산의 가액으로 보아야 합니다.

특정경제범죄 가중처벌 등에 관한 법률 제3조 제1항의 소정에 대한 이득 액이란 거기에 열거된 범죄행위로 인하여 취득하거나 제3자로 하여금 취득하게 한 불법영득의 대상이 된 그 재물이나 재산상 이익의 가액을 말하는 것이고 궁극적으로 그와 같은 이득이 실현되었는지 여부는 영향이 없는 것입니다.

모 건설업자가 건설산업기본법에 의하여 건설공제조합을 기망하여 선급금보증계약을 체결하고 선급금보증서를 발급받아 건설공사 발주자에게 제출한 경우 그로 인하여 건설업자가 취득하는 재산상 이익은 건설공제조합이 선급금보증계약에 의해 부담한 선급금 반환보증채무를 자신의 건설공사 계약을 위한 담보로 이용할 수 있는 이익이고 그 가액(이득 액)은 원칙적으로 선급금 반환채무 보증한도액 상당입니다. 또한 합자회사에서의 지분의 양도는 사원으로서의 지위의 양도를 가리키는 것으로, 합자회사의 지분의 양도로 인하여 취득하는 것은 지분권, 즉 사원 권이므로 그 이득 액은 지분권이 표창하는 객관적인 재산적 가치라고 보아야 할 것이고, 그러한 객관적인 재산적 가치는 감정 등을 통하여 객관적으로 확정할 것이지만 거래약정 당사자 사이에 양도가액이 정해져 있으면 그것이 객관적인 재산적 가치를 평가하였다고 볼 수 없는 특별한 사정이 없는 한 그 양도가액을 지분권이 갖는 객관적인 재산적 가치로 봄이 상당하므로 특정경제범죄 가중처벌 등에 관한 법률 제3조 제1항 소정의 '이득 액'은 그 양도가액을 기준으로 삼아야 합니다.

그리고 피고소인이 원금 및 수익금을 제대로 지불하여 줄 의사나 능력 없이 피해자들로부터 투자 금을 교부받아 이를 편취하였다면 그 투자 금을 교부받을 때마다 각각별로 사기죄가 성립하는 것이므로, 교부받은 투자 금을 피해자들에게 반환하였다가 다시 그 돈을 재 투자받는 방식으로 계속적으로 투자 금을 수수하였다면 그 각 편취범행으로 교부받은 투자금의 합계액이 특정경제범죄 가중처벌 등에 관한 법률 제3조 제1항 소정의 이득 액이 되는 것이지, 반환한 원금 및 수익금을 공제하여 이득 액을 산정해야 하는 것은 아닙니다. 그리고 다른 공범들과 순차 공모하여 상습으로 당좌수표와 어음 등을 유통시키고 이를 결제하지 아니함으로서 재산상 이익을 편취한 경우의 이득 액은 공범 중 1인이 실제로 취한 이익만을 합산하여 산정할 것이 아니라 순차 공모의 최종공범이 피해자로부터 편취한 재물 또는 재산상 이익의 가액을 합산하여 산정하여야 합니다.

공동으로 사기죄를 범한 경우에는 공범자는 자기가 받은 이득 액뿐만 아니라 다른 공범자가 받은 이득 액에 대하여도 그 죄책을 면할 수 없는 것이므로, 특정경제범죄 가중처벌 등에 관한 법률 제3조 제1항의 적용 여부를 가리는 이득 액을 정함에 있어서는 그 범행의 모든 공범자가 받은 이득 액을 합한 금액을 기준으로 하여야 한다는 대법원의 입장입니다.

특정경제범죄 가중처벌 등에 관한 법률 제3조 제1항에서 말하는 이득 액은 단순일죄의 이득 액이나 포괄일죄가 성립하는 경우의 이득 액의 합산 액을 의미하는 것이지만, 그 입법취지에 비추어 이득 액은 실질적인 이득 액을 말합니다. 따라서 피고인이 피해자로부터 피해자가 발행하여 공증을 받은 액면금 6억 원의 약속어음을 갈취한 후, 그 공정증서를 채무명의로 하여서 피해자 소유 부동산에 대한 강제경매신청을 하였다가 강제경매를 취하하는 조건으로 그 부동산에 관하여 근저당권자를 피고소인으로 하는 채권최고액 금 3억 원의 근저당권을 설정 받은 경우 그 근저당권은 피고소인이 갈취한 기존의 약속어음 채권 금 6억 원을 확보 강화하는 것에 불과하여 피고소인에 대한 실질적 이득 액에 대해서는 금 6억 원을 넘어설 수 없습니다.

특정경제범죄 가중처벌 등에 관한 법률 제3조에서 말하는 이득 액은 경합범으로 처벌될 수죄의 각 이득 액을 합한 금액을 의미하는 것은 아닙니다. 따라서 수인의 피해자에 대하여 각별로 기망행위를 하여 각각재물을 편취한 경우에는 범의가 단일하고 범행방법이 동일하더라도 각 피해자의 피해법익은 독립한 것이므로 이를 포괄일죄로 파악할 수는 없고 피해자별로 독립한 사기죄가 성립됩니다.

배임죄는 현실적인 재산상 손해액이 확정될 필요까지는 없고 단지 재산상권리의 실행을 불가능하게 할 염려가 있는 상태 또는 손해 발생의 위험이 있는 경우에는 바로 성립되는 위태 범이므로 피고소인이 그 업무상 임무에 위배하여 부당한 외상 거래행위를 함으로써 업무상 배임죄가 성립하는 경우, 담보물의 가치를 초과하여 외상 거래한 금액이나 실제로 회수가 불가능하게 된 외상거래 금액만이 아니라 재산상 권리의 실행이 불가능하게 될 염려가 있거나 손해 발생의 위험이 있는 외상 거래대금 전액을 그 손해액으로 보아야 하고, 그것을 제3자가 취득한 경우에 그 전액을 특정경제범죄 가중처벌 등에 관한 법률 제3조에 규정된 제3자로 하여금 취득하게 한 그 재산상 이익의 가액에 해당하는 것으로 보아야 할 것입니다.

많은 분들은 실제 특정경제범죄의 사기, 공갈, 횡령, 배임, 업무상횡령, 배임 등으로 많은 금액의 피해를 입었기 때문에 변호사를 선임해 고소하고 피해액을 배상받으려고 하겠지만 고소를 하고 피해액을 배상받기 위해서는 기초적인 특정경제점죄에서 요구하는 성립요건과 고소방법만 아시면 누구든지 직접 고소하고 범인을 가차 없이 처벌시킬 수 있습니다.

문제는 범인에게 책임질 자력이 없다는데 있습니다.

범죄피해 액을 배상 받지 못하는 것은 법을 잘 알지 못하고 대응을 잘못하였다고 해서 돈을 못 받아 오는 것은 아닙니다.

피고소인에게 변제할 능력이 있는 경우 고소하시면 당장 돈을 가지고 옵니다.

변제할 자력이 없다면 금액이 클 경우 아예 들어가서 살겠다고 나오는 사람도 많습니다. 아무리 나쁜 사람이라 하더라도 누가 들어가서 살기를 좋아하는 그런 사람은 없습니다. 특정경제범죄로 고소하면 대부분 실형위주로 구속될 가능성이 높기 때문에 고소방법만 고소인이 제대로 알고 고소장을 제출하면 피고소인이 들어가지 않으려면 돈을 가지고 합의하자고 나옵니다.

그러므로 특정경제범죄로 고소하기 위해서는 피해사실만 고소장에는 그림을 그리듯 물이 위에서 아래로 자연스럽게 흐르듯 자세하게 기재하고 수사를 담당하는 검사가 고소장을 읽고 유죄의 심증을 가질 수 있도록 설명하는 식으로 작성하시고 있었던 사실 그대로 증거자료를 첨부하여 피고소인의 주소지를 관할하는 지방검찰청이나 지청에 고소장을 제출하시면 얼마든지 피고소인을 처벌시킬 수 있고 피고소인이 구속되지 않으려면 당장 합의를 할 수밖에 없습니다.

고소장은 피해자가 스스로 알고 있었던 사실 그대로를 설명하는 식으로 작성하시면 됩니다. 고소장을 작성할 때는 우리 법문북스에서 발간한 본 도서를 옆에 놓고 육하원칙에 따라 실제 있었던 피해사실만 기재하시면 얼마든지 법을 잘 알지 못해도 쉽게 고소장을 완벽하게 작성하고 고소인이 피해자 진술을 통하여 범죄사실만 입증하시면 처벌시킬 수 있고 변제도 받을 수 있습니다.

아무쪼록 본서를 접한 모든 분들은 누구든지 특정경제범죄 고소장을 잘 작성해 피고소인의 주소지를 관할하는 지방검찰청이나 지청에 제출하시고 검사에게 유죄의 심증을 이끌어내 해결하시고 늘 웃으시면서 건강하시기 바랍니다.

대단히 감사합니다.

− 법문북스 −

차 례

본 문

제1장 특정경제범죄 사기죄/공갈죄/횡령죄/배임죄/업무상횡령/배임죄 성립요건 고소방법 ··· 3

  제1절 특정경제범죄 가중처벌 등에 관한 법률 ······················· 3

  제2절 특수요소로서의 이득 액 ··· 3

제2장 특정경제범죄 적용의 대상으로서의 형법 제347조 사기죄 ············ 7

  제1절 의의 및 객관적 구성요건 ··· 7

  제2절 사기죄의 요건 ··· 12

  제3절 소송사기 ··· 18

  제4절 성립요건 ··· 19

    가. 주관적 구성요건 ··· 19

제3장 특정경제범죄 적용의 대상으로서의 형법 제355조 공갈죄 ············ 21

  1. 객관적 구성요건 ·· 21

  2. 성립요건 ··· 24

  3. 주관적 구성요건 ·· 24

제4장 특별법적용의 대상으로서의 형법상 상습 사기죄와 상습 공갈죄 ·· 25

제5장 특별법적용의 대상으로서의 형법 제355조 제1항 횡령죄 ········· 26

    1. 객관적 구성요건 ··· 26

    2. 주관적 구성요건 ··· 31

    3. 성립요건 ··· 32

제6장 특별법적용의 대상으로서의 형법상 배임죄 ······················· 33

    1. 객관적 구성요건 ··· 33

    2. 성립요건 ··· 36

제7장 특별법적용의 대상으로서의 형법 제356조 제1항 업무상횡령죄 ··· 37

    1. 객관적 구성요건 ··· 37

    2. 성립요건 ··· 38

제8장 특별법적용의 대상으로서의 형법 제356조 제2항 업무상배임죄 ······· 40

    1. 객관적 구성요건 ··· 40

    2. 성립요건 ··· 41

제9장 특정경제범죄 고소장 작성방법 ··································· 43

제10장 특정경제범죄 고소방법 ··· 48

    1. 수사권 및 고소장 접수 ··· 48

    2. 수사와 판단 ··· 48

    3. 검사의 불기소처분 대응 - ·· 49

    4. 경찰의 결정 ··· 49

5. 고소인의 이의신청 ·· 49
6. 정보공개청구 ·· 50
7. 수사기록 송부 ··· 50
8. 검사의 재수사 요청 ·· 50
9. 이의신청의 이유 기재 ·· 50

최 신 서 식

제11장 특정경제범죄 고소장 최신서식 ·············· 55

(1) 고소장 - 특정경제범죄 사기죄 매매계약을 속여 매매대금을 착복하여 가중처벌을 요구하는 고소장 최신서식 ·············· 55

(2) 고소장 - 특정경제범죄 사기죄 동업을 하자며 거짓말로 자금을 교부받아 도박자금으로 낭비하여 처벌을 요구하는 고소장 ·············· 63

(3) 고소장 - 특정경제범죄 공갈죄 정교사실을 남편에게 알리겠다고 협박하여 갈취하였으므로 처벌요구 고소장 최신서식 ·············· 71

(4) 고소장 - 특정경제범죄 공갈죄 노래방에서 만나 성교한 것을 가족에게 알리겠다고 공갈하여 금품을 갈취하여 처벌요구 고소장 ·············· 79

(5) 고소장 - 특정경제범죄 업무상횡령 회사의 수금직원이 회사를 위하여 수금한 돈을 보관하던 중 횡령하여 처벌하는 고소장 최신서식 ·············· 87

(6) 고소장 - 특정경제범죄 업무상횡령죄 분양대금을 교부받아 보관하던 중 임의대로 사용하여 처벌요구 고소장 ·············· 94

(7) 고소장 - 특정경제범죄 횡령죄 매매중도금을 보관하던 중 횡령하여 개인용도로 사용 처벌요구 고소장 최신서식 ·············· 101

(8) 고소장 - 특정경제범죄 횡령죄 기계를 보관하였는데 리스계약을 체결 대금을 횡령하여 처벌을 요구하는 고소장 ·············· 109

(9) 고소장 - 특정경제범죄 업무상배임 조합의 대부계 직원이 무담보로 대출 회수 불능 처벌요구 고소장 최신서식 ··· 118

(10) 고소장 - 특정경제범죄 업무상배임 법인재산을 주주총회 특별결의 없이 매각 업무상배임 처벌요구 고소장 ··· 125

(11) 고소장 - 특정경제범죄 배임죄 중도금을 지급받은 상태에서 타에 부동산을 매매하고 인정등기 처벌요구 고소장 최신서식 ································ 134

(12) 고소장 - 특정경제범죄 형법 제355조 제2항 배임 분양받은 점포를 제3자에게 매매 소유권이전 처벌요구 고소장 최신서식 ······················ 142

본문

제1장 특정경제범죄 사기죄/공갈죄/횡령죄/배임죄/업무상횡령/배임죄 성립요건 고소방법 ·· 3

제2장 특정경제범죄 적용의 대상으로서의 형법 제347조 사기죄 ······ 7

제3장 특정경제범죄 적용의 대상으로서의 형법 제355조 공갈죄 ····· 21

제4장 특별법적용의 대상으로서의 형법상 상습 사기죄와 상습 공갈죄 ····· 25

제5장 특별법적용의 대상으로서의 형법 제355조 제1항 횡령죄 ······ 26

제6장 특별법적용의 대상으로서의 형법상 배임죄 ···························· 33

제7장 특별법적용의 대상으로서의 형법 제356조 제1항 업무상횡령죄 ··· 37

제8장 특별법적용의 대상으로서의 형법 제356조 제2항 업무상배임죄 ··· 40

제9장 특정경제범죄 고소장 작성방법 ·· 43

제10장 특정경제범죄 고소방법 ··· 48

제1장 특정경제범죄 사기죄/공갈죄/횡령죄/배임죄/업무상횡령/ 배임죄 성립요건 고소방법

제1절 특정경제범죄 가중처벌 등에 관한 법률

특정경제범죄 가중처벌 등에 관한 법률 제3조 제1항은 형법 제347조(사기), 제350조(공갈), 제351조(제347조 및 제350조의 상습범에 한합니다), 제355조(횡령, 배임), 제356조(업무상의 횡령과 배임)의 죄를 범한 자는 그 범죄행위로 인하여 취득하거나 제3자로 하여금 취득하게 한 그 재물 또는 재산상 이익의 가액이 5억 원 이상인 때에는 1.이득 액이 50억 원 이상인 때에는 무기 또는 5년 이상의 징역, 2.이득 액이 5억 원 이상 50억 원 미만인 때에는 3년 이상의 유기징역에 처합니다.

우선 특정경제범죄 가중처벌 등에 관한 법률을 적용하기 위해서 특정경제범 죄 가중처벌 등에 관한 법률 제3조가 대상으로 하는 재산범죄(사기죄, 공갈죄, 횡령죄, 배임죄, 업무상횡령죄, 업무상배임죄)가 성립하여야 합니다. 그러나 특정경제범죄 가중처벌 등에 관한 법률의 적용을 위한 특수요건으로서는 이득 액이 일정한 금액에 도달하여야 합니다.

제2절 특수요소로서의 이득 액

형법 제347조 사기죄는 사람을 기망하여 재물의 교부를 받거나 재산상 이익을 취득하거나 제3자로 하여금 재물의 교부를 받게 하거나 재산상의 이익을 취득하게 함으로써 성립하고, 그 교부받은 재물이나 재산상 이익의 가액이 얼마인지는 문제되지 않습니다. 그러나 특정경제범죄 가중처벌 등에 관한 법률 위반에 있어서 재산범죄의 객체인 재물이나 재산상 이익의 가액이 5억 원 이상 또는 50억 원 이상이라는 것이 범죄구성요건의 일부로 되어 있고 그 가액에 따라 그 죄에 대한 형벌도 가중되어있습니다.

한편 특정경제범죄 가중처벌 등에 관한 법률을 적용함에 있어서는 재물이나 재산상 이익의 가액을 엄격하고 신중하게 산정함으로써 범죄와 형벌 사이에 적정한 균형이 이루어져야만 한다는 죄형균형 원칙이나 형벌은 책임에 기초하고 그 책임에 비례하여야 한다는 책임주의 원칙이 훼손되지 않도록 하여야 합니다. 그런데 가액산정에 있어서 여러 가지 문제점이 발생할 수가 있습니다.

이를테면 사람을 기망하여 부동산의 소유권을 이전받는다거나 제3자로 하여금 이전받게 함으로써 이를 편취한 경우 특정경제범죄 가중처벌 등에 관한 법률 제3조의 적용을 위한 부동산의 가액을 산정함에 있어서 그 부동산에 아무런 부담이 없는 때에 그 부동산의 시가 상당액이 곧 그 가액이라고 볼 것이지만, 그 부동산에 근저당권설정등기가 경료되어 있다거나 압류 또는 가압류 등이 이루어져 있는 때에는 특별한 사정이 없는 한 아무런 부담이 없는 상태에서의 그 부동산의 시가 상당액에서 근저당권의 채권최고액 범위 내에서의 피담보채권액, 압류에 걸린 집행채권액, 가압류에 걸린 청구금액 범위 내에서 피보전채권액 등을 뺀 실제의 교환가치를 그 부동산의 가액으로 보아야 합니다.

특정경제범죄 가중처벌 등에 관한 법률 제3조 제1항의 소정에 대한 이득 액이란 거기에 열거된 범죄행위로 인하여 취득하거나 제3자로 하여금 취득하게 한 불법영득의 대상이 된 그 재물이나 재산상 이익의 가액을 말하는 것이고 궁극적으로 그와 같은 이득이 실현되었는지 여부는 영향이 없는 것입니다.

예컨대 건설업자가 건설산업기본법에 의하여 건설공제조합을 기망하여 선급금보증계약을 체결하고 선급금보증서를 발급받아 건설공사 발주자에게 제출한 경우 그로 인하여 건설업자가 취득하는 재산상 이익은 건설공제조합이 선급금보증계약에 의해 부담한 선급금 반환 보증채무를 자신의 건설공사 계약을 위한 담보로 이용할 수 있는 이익이고 그 가액(이득 액)은 원칙적으로 선급금 반환채무 보증한도액 상당입니다. 또한 합자회사에서의 지분의 양도는 사원으로서의 지위의 양도를 가리키는 것으로, 합자회사의 지분의 양도로 인하여 취득하는 것은 지분권, 즉 사원 권이므로 그 이득 액은 지분권이 표창하는 객관적인 재산적 가치라고 보아야 할 것이고, 그러한 객관적인 재산적 가치는 감정 등을 통하여 객관적으로 확정할 것이지만 거래약정 당사자 사이에 양도가액이 정해져 있으면 그것이 객관적인 재산적 가치를 평가하였다고 볼 수 없는 특별한 사정이 없는 한 그 양도가액을 지분권이 갖는 객관적인 재산적 가치로 봄이 상당하므로 특정경제범죄 가중처벌 등에 관한 법률 제3조 제1항 소정의 '이득 액'은 그 양도가액을 기준으로 삼아야 합니다.

그리고 피고소인이 원금 및 수익금을 제대로 지불하여 줄 의사나 능력 없이 피해자들로부터 투자 금을 교부받아 이를 편취하였다면 그 투자 금을 교부받을 때마다 각각별로 사기죄가 성립하는 것이므로, 교부받은 투자 금을 피해자들에게 반환하였다가 다시 그 돈을 재 투자받는 방식으로 계속적으로 투자 금을 수수하였다면 그 각 편취 범행으로 교부받은 투자금의 합계액이 특정경제범죄 가중처벌 등에 관한 법률 제3조 제1항 소정의 이득 액이 되는 것이지, 반환한 원금 및 수익금을 공제하여 이득 액을 산정해야 하는 것은 아닙니다. 그리고 다른 공범들과 순차 공모하여 상습으로 당좌수표와 어음 등을 유통시키고 이를 결제하지 아니함으로써 재산상 이익을 편취한 경우의 이득 액은 공범 중 1인이 실제로 취한 이익만을 합산하여 산정할 것이 아니라 순차 공모의 최종공범이 피해자로부터 편취한 재물 또는 재산상 이익의 가액을 합산하여 산정하여야 합니다.

공동으로 사기죄를 범한 경우에는 공범자는 자기가 받은 이득 액뿐만 아니라 다른 공범자가 받은 이득 액에 대하여도 그 죄책을 면할 수 없는 것이므로, 특정경제범죄 가중처벌 등에 관한 법률 제3조 제1항의 적용 여부를 가리는 이득 액을 정함에 있어서는 그 범행의 모든 공범자가 받은 이득 액을 합한 금액을 기준으로 하여야 한다는 대법원의 입장입니다.

그리고 특정경제범죄 가중처벌 등에 관한 법률 제3조 제1항에서 말하는 이득 액은 단순일죄의 이득 액이나 포괄일죄가 성립하는 경우의 이득 액의 합산액을 의미하는 것이지만, 그 입법취지에 비추어 이득 액은 실질적인 이득 액을 말합니다. 따라서 피고인이 피해자로부터 피해자가 발행하여 공증을 받은 액면금 6억 원의 약속어음을 갈취한 후, 그 공정증서를 채무명의로 하여서 피해자 소유 부동산에 대한 강제경매신청을 하였다가 강제경매를 취하하는 조건으로 그 부동산에 관하여 근저당권자를 피고소인으로 하는 채권최고액 금 3억 원의 근저당권을 설정 받은 경우 그 근저당권은 피고소인이 갈취한 기존의 약속어음채권 금 6억 원을 확보 강화하는 것에 불과하여 피고소인에 대한 실질적 이득 액에 대해서는 금 6억 원을 넘어설 수 없습니다.

특정경제범죄 가중처벌 등에 관한 법률 제3조에서 말하는 이득 액은 경합범으로 처벌될 수죄의 각 이득 액을 합한 금액을 의미하는 것은 아닙니다. 따라서 수인의 피해자에 대하여 각별로 기망행위를 하여 각각재물을 편취한 경우에는 범의가 단일하고 범행방법이 동일하더라도 각 피해자의 피해법익은 독립한 것이므로 이를 포괄일죄로 파악할 수는 없고 피해자별로 독립한 사기죄가 성립됩니다.

배임죄는 현실적인 재산상 손해액이 확정될 필요까지는 없고 단지 재산상권리의 실행을 불가능하게 할 염려가 있는 상태 또는 손해 발생의 위험이 있는 경우에는 바로 성립되는 위태 범이므로 피고소인이 그 업무상 임무에 위배하여 부당한 외상 거래행위를 함으로써 업무상 배임죄가 성립하는 경우, 담보물의 가치를 초과하여 외상 거래한 금액이나 실제로 회수가 불가능하게 된 외상거래 금액만이 아니라 재산상 권리의 실행이 불가능하게 될 염려가 있거나 손해 발생의 위험이 있는 외상 거래대금 전액을 그 손해액으로 보아야 하고, 그것을 제3자가 취득한 경우에 그 전액을 특정경제범죄 가중처벌 등에 관한 법률 제3조에 규정된 제3자로 하여금 취득하게 한 그 재산상 이익의 가액에 해당하는 것으로 보아야 할 것입니다.

제2장 특정경제범죄 적용의 대상으로서의 형법 제347조 사기죄

제1절 의의 및 객관적 구성요건

특정경제범죄 가중처벌 등에 관한 법률 제3조 제1항 형법 제347조 사기죄는 사람을 기망하여 재물의 교부를 받거나 재산상의 이익을 취득하거나 제3자로 하여금 재물의 교부를 받게 하거나 재산상의 이익을 취득하게 함으로써 성립합니다. 그러나 특정경제범죄 가중처벌 등에 관한 법률 제3조 제1항 형법 제347조 사기죄의 객체인 재물이나 재산상 이익의 가액에 대하여 5억 원 이상 또는 50억 원 이상이라는 것이 범죄구성요건의 일부로 되어 있고 그 가액에 따라 그 사기죄에 대한 형벌도 가중되어있습니다.

한편 특정경제범죄 가중처벌 등에 관한 법률 적용의 대상되는 형법 제347조가 규정한 사기죄입니다. 형법 제347조에 따르면, 사기죄는 사람을 기망하여 재물의 교부를 받거나 재산상의 이익을 취득하거나(형법 제347조 제1항에 규정하고 있습니다), 제3자로 하여금 재물의 교부를 받게 하거나 재산상의 이익을 취득하게 함으로써(형법 제347조 제2항에 규정하고 있습니다) 성립합니다. 형법 제347조에 기초하면 사기죄의 객관적 구성요건은 행위자의 첫째. 기망행위, 둘째, 상대방의 착오, 셋째, 피기망자에 의한 처분행위, 넷째, 행위자 또는 제3자에 의한 재물이나 또는 재산상 이익의 취득 내지 피기망자 또는 제3자의 재산상 손해로 구성됩니다. 사기죄의 주체에는 아무런 제한이 없으므로 사기죄는 비신분 범입니다.

사기죄의 행위객체는 타인이 점유하는 타인의 재물 또는 재산상의 이익입니다. 절도죄와 강도죄는 탈취죄이기 때문에 부동산은 절도죄나 강도죄의 객체에 포함되지 않았으나, 사기죄는 편취죄이므로 부동산도 당연히 재물에 포함됩니다. 그리고 재물에는 금전은 물론이고 각종의 가치화체증서 예컨대 백지위임장, 보험증서, 창고증권, 유가증권, 수표, 수출물품수령증 등도 포함합니다. 그리고 사기죄의 객체인 재물은 타인점유를 요소로 하는 점에서 횡령죄와 구별됩니다. 이를테면 자기가 점유하는 재물을 횡령하기 위하여 기망행위를 하였다면 횡령죄만이 성립하는 것입니다.

재산상 이익은 재물 이외의 일체의 재산상 이익을 의미하므로 담보제공(타인을 기망하여 연대채무를 부담시키고 채권자로부터 1억 원을 차용할 수 있은 경우에 사기죄의 성립을 인정한 대법원의 판례도 있고 국유재산의 매각을 전제로 연고권자에게 유상대부계약을 할 때에 관계공무원을 기망해 연고권을 취득하는 경우, 채권추심의 승인, 노무제공과 같은 적극적인 이익은 물론이고, 채무면제, 채무변제의 유예, 채무이행의 연기를 받는 것과 같은 소극적 이익도 포함됩니다. 그리고 영속적 이익은 물론이고 일시적 이익도 포함됩니다. 나아가 사실적 이익이 있으면 족하고 사법상 유효할 것을 요하지 않습니다.

구체적 이익일 것을 요하므로 단순히 채무변제를 피하기 위하여 도주한 경우이거나 단순히 지급보증서를 받은 경우에는 사기죄가 성립되지 않습니다. 그런데 약속어음 또는 당좌수표를 수수함에 의하여 채무이행의 연기를 받는 것도 재산상의 이익이 되므로 사기죄는 성립할 수가 있습니다. 채무이행의 연기를 받은 것에 의한 재산상의 이익 액은 이를 산출할 수 없으므로 이는 특정경제범죄 가중처벌 등에 관한 법률 제3조 제1항 제2호에 의한 이득 액을 계산함에 있어서는 합산될 것이 아닙니다.

사기죄의 행위는 기망행위로서 기망은 사람으로 하여금 착오를 일으키게 하는 것을 말합니다. 기망의 대상은 사실뿐만 아니라 가치판단도 포함될 수가 있습니다. 여기의 사실에는 존재의 증명이 가능한 과거와 현재의 사실을 의미하므로 미래의 사실은 포함될 수 없습니다. 그리고 사실에는 외적 사실은 물론이고 내적 사실도 포함됩니다. 이를테면 지불의사 또는 변제의사 없이 무전취식을 하거나 금전을 차용하는 것은 내적 사실에 대한 기망이 됩니다. 가치판단에 있어서는 구체적 사례에 따라 개별적으로 기망여부를 판단하여야 할 것이지만, 전혀 사실주장에 근거하지 않은 순수한 가치판단의 경우 사기죄가 말하는 기망에서 제외되어야 합니다.

따라서 어떤 그림을 보고 단순히 아름답다고 평가하거나 어떤 대상에 대해 순전히 의견을 진술하는 것은 기망이 아닙니다. 그래서 기망행위의 수단과 방법에는 제한이 없습니다. 작위이든 부작위이든 구별이 없고, 작위인 경우에는 언어(말 또는 문서)에 의한 명시적인 것이든, 행동을 통한 묵시적인 것이든 구별이 없습니다. 다만 작위로서의 묵시적 기망행위는 행위자의 전체행위가 상대방을 착오의 상태로 적극적으로 이끌어 가는 설명가치를 가지는 때에만 인정됩니다. 예를 들어 무전취식과 무전숙박의 경우에는 본인이 무 자력 상태인 것을 처음부터 알았다면 그것은 지불의사와 지불능력이 있음을 상대방에게 행동으로 설명하였다고 볼 수가 있으므로 묵시적 기망행위가 됩니다. 반면에 무전취식과 무전투숙을 개시한 이후에 비로소 무 자력 상태임을 안 경우에는 부작위에 의한 기망만이 문제될 뿐입니다. 부작위에 의한 기망의 방법으로는 피해자가 스스로 착오에 빠지거나 그 정도가 강화되는 것을 방지하지 않거나 기존의 착오를 고지하여 제거를 하지 않거나를 불문합니다.

작위에 해당하는 묵시적 기망행위와 부작위에 의한 기망행위 사이의 구별은 쉽지는 않습니다. 그런데 양자의 구별은 사기죄의 성립에 있어 주체에 보증인 지위가 요구되는가 등의 면에서 차이가 있습니다. 이와 관련하여 단순히 과다한 거스름돈을 수령하거나 지불능력을 초과하는 것을 알면서 나온 음식을 먹는 것만으로는 보증인지위와 부작위에 의한 사기죄에 대한 성립을 일반적으로 부정하는 견해가 있습니다. 그러나 현장에서 상대방이 기망에 빠진 것을 알면서 이를 알리지 않고 행위 하는 경우에는 사기죄의 성립은 인정될 수 있는 것입니다. 다만 사후 거스름돈을 더 받은 것을 안 경우에는 이를 불고지하더라도 부작위에 의한 기망행위가 될 수 없을 것입니다(이 경우 점유이탈물횡령죄는 성립합니다). 그리고 거래상 필요한 고지의무를 이행하지 않고 재산을 처분하는 경우가 특히 문제됩니다. 이 경우에도 그것을 묵시적 기망행위 또는 부작위에 의한 기망행위의 어느 것으로 취급할 것인지가 이론상 문제가 됩니다. 그런데 판례는 거래상 요구되는 고지의무를 위반하고 재산을 처분하는 행위에 대해 부작위에 의한 기망을 인정합니다. 즉 담보물권 또는 가등기설정사실을 고지하지 않고 부동산을 처분한 경우, 사실을 숨기고 보험계약을 체결한 경우, 무전취식과 무전숙박의 경우 등은 부작위에 의한 기망이 될 뿐이라는 것입니다. 그 불고지 행위가 상대방에게 설명가치 있는 행위이고 이로 인해 상대방이 기망되었다고 볼 수 있는 때에는 작위에 해당하는 묵시적 기망행위가 인정되어야 할 것이고, 그렇지 못한 경우에만 부작위에 의한 기망이 인정되어야 할 것입니다.

따라서 상대방에게 손해가 있는 사항을 처음부터 알면서 이를 불고지하고 계약을 체결한 경우에는 묵시적 기망행위를 인정하여야 합니다. 사기죄에서의 기망행위는 널리 거래관계에서 지켜야 할 신의칙에 반하는 정도의 기망으로 제한되고 상대방을 비록 착오에 빠지게 하였더라도 이 정도에 해당하지 아니하는 기망의 경우에는 사기죄가 성립될 수 없습니다. 불고지행위에 대해 종국적으로(묵시적 또는 부작위에 의한) 기망행위를 인정할 수 있는지가 실제로 크게 문제되고 있습니다. 이 경우에 거래의 상대방에게 아무런 피해를 주지 않는 사항이라면 이를 고지할 의무는 발생하지 아니하고, 그 불고지행위에 대해(묵시적이든 부작위이든) 사기죄의 기망행위를 인정할 필요가 없습니다.

사기죄의 기망행위가 될 수가 있는 고지의무는 거래에 관련된 구체적인 사정을 고지하지 아니함으로써 상대방이 그 목적물에 대한 권리를 확보하지 못할 위험이 있는 사정, 이를테면 법률관계의 효력에 영향을 미치거나 그 상대방의 권리실현에 장애가 되는 사유가 있을 때에만 인정되어야 합니다. 그러나 거래에 따라서는 상대방이 권리실현의 장애사유가 있더라도 이를 감수하고 계약을 체결하는 경우도 있을 수 있습니다. 따라서 상대방이 권리실현의 장애사유가 있더라도 이를 감수하고 거래하였을 것이 인정된다면 그 불고지 행위 또한 사기죄의 기망행위라 할 수 있습니다. 이것을 역으로 정의하면 어느 불고지 행위가 사기죄의 기망행위가 되기 위해서는 상대방이 권리실현의 장애사유를 고지 받았더라면 당해계약을 체결하지 않았거나 재산상의 처분행위를 하지 않았을 것이 경험칙 상 분명하여야 합니다. 그런데 다소 허위 또는 과장된 광고를 하였다고 하여 항상 사기죄의 기망행위가 인정되는 것은 아닙니다. 일반적으로 상품의 선전, 광고에 있어 다소의 과장, 허위가 수반되는 것은 그것이 일반 상거래의 관행과 신의칙에 비추어 시인될 수 있는 한 기망성이 결여된다고 하겠으나 거래에 있어서 중요한 사항에 관하여 구체적 사실을 거래상의 신의성실의 의무에 비추어 비난받을 정도의 방법으로 허위로 이를 고지한 경우에는 과장, 허위광고의 한계를 넘어 사기죄의 기망행위에 해당합니다.

사기죄가 성립하기 위해서는 기망행위로 인하여 상대방(피해자)은 착오에 빠져야 합니다. 행위자에게 지불의사가 없는 이상 상대방이 차용금의 용도와 같은 동기착오가 있었다고 하더라도 사기죄의 성립에는 영향이 없는 것으로 보는 것입니다. 왜냐하면 이 경우의 사기죄 성립은 지불의사에 대한 행위자의 기망여부가 결정적 기준이 되어야 하기 때문입니다. 착오는 적극적 착오이든 소극적 착오이든 불문합니다. 그러나 사실에 대해 아무런 관념이 없이 전혀 모르고 있는 때에는 착오가 인정될 수 없습니다. 이를테면 무임승차 시 차장이 전혀 모르고 있는 경우에는 여기의 착오는 인정될 수 없습니다. 그리고 사기죄의 기수가 인정되기 위해서는 기망행위와 착오 사이에 인과관계가 인정되어야 성립합니다. 양자 사이에 인과관계가 부정되면 사기미수가 인정될 수 있습니다. 이 경우 기망행위가 착오의 유일한 원인일 필요는 없습니다. 그리고 착오에 피해자의 과실이 있더라도 기망과 착오의 사이에 인과관계는 인정될 수 있습니다.

사기죄가 성립하기 위해서는 피기망자가 착오에 따라 처분행위를 하여야 합니다. 즉 피기망자(피해자)와 처분행위자가 일치하여야 비로소 기망자(범인)에게 사기죄가 인정될 수가 있습니다. 그러나 피기망자와 피해자는 일치하지 않는다 하더라도 기망자에게 사기죄를 인정할 수 있습니다. 피기망자와 피해자가 일치하지 않으면 기망자, 피기망자(처분행위자) 및 피해자의 3인이 개입되기 때문에 소위 삼각사기가 됩니다. 삼각사기는 흔히 소송사기가 대표적으로 여기에 해당합니다. 현재 가장 많이 발생하고 있는 카드의 부정사용도 경우에 따라서는 삼각사기에 해당될 수 있습니다. 타인의 신용카드를 절취하여 물건을 구매한 경우와 타인의 신용카드를 강취하여 물건을 구매한 경우에는 가맹점을 피기망자로 하고 신용카드회사(또는 카드소유자)를 피해자로 하는 삼각사기가 성립됩니다(판례는 신용카드 부정사용죄와 실체적 경합을 인정하고 있습니다). 신용카드를 편취 또는 갈취하여 물품구매에 사용한 경우에도 별도로 사기죄가 인정되어야 합니다. 이 경우에 의사표시에는 하자가 있기 때문에 정당한 권리를 부여받은 것으로 해석될 수 없습니다.

대금결제에 대한 의사와 능력 없이 신용카드를 발급받아 물건을 구매하고 현금서비스를 받는 등의 사용을 한 경우에는 행위자가 자기명의의 카드를 사용하였기 때문에 가맹의 회사는 아무런 착오 내지 피해가 없고, 오직 신용카드회사만이 카드발급과 관련하여 피기망자 겸 피해자가 되는 것입니다. 따라서 이 경우는 삼각사기로서 평가될 수는 없습니다. 이렇게 보면 카드발급으로 인하여 이미 신용카드회사에 대해 사기죄가 성립하고 그 이후에 자기명의카드로서 현금서비스를 받고 물품을 구매하는 행위들은 별개의 범죄가 성립됨이 없이 이미 성립한 사기죄에 포괄될 수 있습니다.

제2절 사기죄의 요건

사기로 인한 범죄의 피해액이 5억 원 이상이 될 때는 3년 이상의 유기징역으로 법정형을 높여 규정하고 있습니다. '특정경제범죄 가중처벌 등에 관한 법률(특경법)'은 벌금형이 없으므로 기소되면 반드시 정식 재판을 받게 됩니다. 특경법을 위반하면 징역형이 법정형으로 못 박혀 있으므로 사기죄로 기소되어 실형 판결(집행유예가 붙지 않는 판결)이 나오면 반드시 교도소에서 복역하게 됩니다. 특경법상 사기로 조사를 받고 있다면 구속 가능성도 더욱 높다고 생각해야 하는 것입니다. 사기죄는 실무적으로 단순사기죄도 범죄의 피해액 1억 원 이상이 될 때는 구속도 가능한 일입니다.

이때 사기로 인한 이득 액(상대방 입장에서는 '피해액'이 됩니다)이 5억 원 이상이냐 아니냐를 따질 때 주의할 점이 있습니다. 한 사람에 대해 동일한 사기수법으로 수차례에 걸쳐서 돈을 받아낸 경우에 사기행위는 여러 번이지만 각각의 범죄피해액을 쪼개는 것이 아니라 합산하는 이득 액으로 판단합니다.

사기죄는 수법범죄라고 합니다. 사기는 기망행위를 수법으로 하여 반복적으로 행해지는 경우가 많습니다. 전형적인 사기범으로는 차용사기, 투자사기, 유사수신사기, 입금 사기(보이스피싱 등), 보험사기, 결혼사기, 무전취식, 무임승차, 모금사기, 경매사기 등이 있고 금전이 오고간 사기에는 차용금 사기, 투자금 사기 등의 명칭이 사용되기도 하는데 인터넷 거래사기는 인터넷사기라고 합니다.

사기죄는 타인을 기망하여 착오에 빠뜨리고 그로 인하여 피기망자(기망행위의 상대방, 피해자)가 처분행위를 하도록 유발하여 재물 또는 재산상의 이익을 얻음으로써 성립하는 범죄로 사기죄가 성립하려면 행위자의 기망행위, 피기망자의 착오와 그에 따른 처분행위, 그리고 행위자 등의 재물이나 재산상 이익 취득이 있고, 그 사이에 순차적인 인과관계가 존재하여야 사기죄가 성립합니다. 사기죄는 행위자의 기망행위 때문에 피기망자(피해자)가 착오를 일으켜야 하고, 동기의 착오로도 충분합니다. 기망행위(허위의 사실을 말하거나 진실을 은폐함으로써 상대방을 착오에 빠지게 하는 행위, 수단과 방법에 제한이 없고, 작위이거나 부작위이건, 적극적이거나 소극적이건 상관없이 거래관계에서 지켜야 하는 신의칙에 반하여 상대방을 착오에 빠지게 하는 모든 행위를 기망행위라고 합니다)행위와 착오발생 간 인과관계가 있어야 사기죄가 성립합니다.

한편 사기죄는 기망행위를 범행 수단으로 하는 범죄로써 범인이 피해자에게 거짓말(기망)을 하고 그 거짓말에 속은 피해자로 하여금 재산적 처분행위를 하게하는 범행입니다. 그러므로 사기죄는 원천적으로 불가능임에도 가능하다고 거짓말한 것이기 때문에 범인이 피해자에게 한 거짓말(기망)이 모두 범행이 됩니다.

부작위에 의한 기망이 사기죄가 되기 위해서는 진실을 고지할 의무가 있어야 합니다. 따라서 행위자가 돈을 빌릴 당시 별도의 다수 채무를 부담하고 있었다거나, 채무자의 소득 등 수입이 불분명하다거나, 채무자 재산 대부분의 담보가 설정되어있거나 하는 등의 사정을 숨기거나 거짓말(기망)을 하였다면 사기죄가 성립합니다.

용도나 변제방법에 대해서는 돈을 빌리는 사람이 고지를 하는 경우가 많습니다. 용도나 변제방법이 확실해야 돈을 빌려주는 경우가 많기 때문입니다. 그래서 돈을 빌려줄 때, 용도나 변제방법에 대해 돈을 빌리는 사람이 말하면 이에 대해 녹음이라도 하고 증거를 남겨두셔야 합니다.

차용사기의 경우, 기망행위와 편취의 범의에 대한 증명이 힘든 경우가 많습니다. 그래서 형사 고소를 하더라도 기소가 되지 않는 경우가 많고, 민사소송의 문제로만 남는 경우도 많습니다.

용도를 허위 고지하는 것은 기망행위입니다.

금전을 빌리면서 실제의 사용용도와 다른 용도를 채권자에게 고지하며 돈을 빌렸을 경우에는 기망행위가 인정되기 때문에 용도사기가 인정되어 사기죄가 성립할 수 있습니다. 차용당시에는 변제할 의사나 능력이 있었다면 그 후에 차용금을 변제하지 못하였다고 해도 민사상 채무불이행에 불과하고 기망한 것이 아니므로 사기죄가 성립하지 않습니다.

불법영득의사에 따라 피고소인이 고소인을 속여(기망과 착오)하여 재물을 편취(재물을 처분하여 교부)하려는 과정이 입증되어야 하며 불법영득의사는 차용인(범인)이 자백하지 않는 한 차용당시 전후로 하여 차용인의 재력, 환경, 범행의 내용, 거래의 이행과정, 피해자와의 관계 등에 따른 객관적인 과정을 종합하여 판단하여야 한다는 판례의 입장이므로 차용사기는 입증이 되지 않는다면 사기죄가 성립하지 않습니다.

기망은 단순히 사람을 착오에 빠뜨리게 한 것만으로는 기망이 있었다고 할 수 없고 적어도 그것이 거래관계에 있어서 신의칙에 반하는 정도에 이르러야 합니다. 돈을 빌릴 당시를 전후하여 변제할 능력이 있었는지 여부가 편취의 범의를 판단하는 중요한 기준으로 작용하고 있고, 이는 공소사실 및 범죄사실에서는 물론 대법원 판결에서 인용되고 있는 '변제할 의사나 능력 없이' 라고 하는 관용표현을 통해서도 드러나고 있습니다. 차용사기의 성립여부는 차용 당시를 기준으로 판단하여야 하고 「차용 당시 변제할 의사와 능력이 있었다면」 그 후 변제를 하지 못하더라도 민사상 채무불이행에 불과합니다.

변제의사 또는 능력이 없으면 사기죄가 성립한다는 그 표현은 논리적으로 변제의사 또는 변제능력이 있어야 사기죄가 성립하지 않는다는 표현과 일치하므로 사기죄가 고의범인데도 불구하고 「변제의사가 있더라도 변제능력이 없으면 사기죄가 성립한다」는 결론에 이르게 됩니다. 변제의사와 변제능력을 거의 동일시하는 표현을 사용하는 것은 피의자의 진술, 기타 증거들에 의하여 차용 당시 피의자의 자력 즉 적극적 재산과 소극적 재산의 규모를 얼추 산정한 후, (1)채무초과 상태 (2)변제능력 없음 (3)변제능력이 없음으로 추정함으로써 차용사기에 있어서 편취의 고의를 판단하는 것입니다.

차용사기에 있어 변제능력의 유무를 판단하기 위해서는 범행을 전후한 시점의 피의자의 재산관계는 물론 신용도, 장차 기대수입, 사업의 성공가능성 등 변제 자력과 관련된 모든 정황에 대한 판단이 선행되어야 하는데, 그 중 피의자의 채무초과 상태였다는 사실은 변제능력을 판단하기 위한 하나의 중요한 단서에 불과하지만 그로부터 변제능력이 없었다는 사실을 바로 인정되는 것은 아닙니다.

기망행위를 한 자에게 사기죄(기수)의 성립을 인정하기 위해서는 피기망자의 처분행위가 있어야 합니다. 이것으로 인하여 사기죄는 절도 강도와 같은 탈취죄가 아니라 공갈죄와 같은 편취죄의 성질을 갖는 것입니다. 그리고 자기가 점유하는 타인의 재물을 횡령하기 위하여 기망수단을 쓴 경우에는 피기망자에 의한 재산처분행위가 없으므로 일반적으로 횡령죄만 성립되고 사기죄는 성립되지 않습니다.

여기의 처분행위는 재산적 처분행위를 의미합니다.

민법상의 법률행위는 물론이고 순수한 사실행위도 여기에 포함될 수 있습니다. 법률행위인 경우에는 그것이 유효 무효 또는 취소할 수 있는 여부는 문제가 되지 않습니다. 다만, 판례는 주관적으로 피기망자가 처분의사 즉 처분결과를 인식하고 객관적으로는 이러한 의사에 지배된 행위가 있을 것을 요합니다. 재물에 대한 처분행위는 피기망자에 의한 점유이전은 물론이고 행위자의 재물취거를 묵인 내지 수인하는 것도 포함됩니다. 재산상 이익에 대한 처분행위는 계약체결, 노무제공, 채무면제와 같은 적극적인 행위는 물론이고 청구권의 불행사와 같은 부작위, 삼각사기의 경우에는 판결의 선고와 같은 국가권력의 행사도 될 수 있습니다. 그리고 사람을 기망하여 재물을 포기케 하고 이를 습득하는 경우에도 처분행위와 사기죄는 인정됩니다.

기망행위자에게 사기죄의 기수를 인정하기 위해서는 처분행위자가 피기망자와 반드시 일치하여야 합니다. 그러나 처분행위자와 피해자는 일치할 필요가 없습니다. 삼각사기의 경우가 그렇습니다. 생각건대, 사기죄는 종국적으로 기망행위를 한 자를 처벌하려는 것이므로 피기망자(처분행위자)가 피해자와의 관계에 있어서 반드시 법률상 처분권한이 있어야 하는 것으로 제한할 이유는 없습니다. 따라서 법적 권한 없이 처분서류를 피기망자가 가지고 있는 상태에서 행위자로부터 기망당하여 피해자의 재산을 처분한 경우에도 그 기망자에게 사기죄가 성립될 수 있습니다

기망행위자에게 사기죄의 기수를 인정하기 위해서는 기망행위, 착오 및 처분행위 사이에는 각자 인과관계가 인정되어야 합니다.

따라서 피기망자에게 착오가 없더라도 처분행위를 하였을 것이 인정되는 경우에는 사기죄가 성립할 수 없습니다. 그러나 착오가 처분행위의 유일한 원인일 필요는 없습니다. 그리고 피기망자의 과실이 있다는 것만으로 인과관계가 부정되는 것도 아닙니다.

사기죄가 성립하기 위해서는 피기망자에 의한 처분행위가 직접 원인이 되어 재물취득(또는 재산상 손해)이 이루어져야 합니다.

이것을 처분효과의 직접성이라고 합니다. 반면에 행위자의 부수적 행위가 개입하여 재물취득 내지 재물손해가 있는 경우에는 소위 책략절도가 될 뿐입니다. 따라서 주거자를 기망하고 주거에 들어가 재물을 몰래 가져간 경우, 옷을 사겠다고 기망한 이후

에 진열대에 있는 옷을 몰래 가져간 경우, 상품을 사겠다고 기망하고 몰래 상품을 들고 나간 경우에는 절도죄를 인정하여야 할 것입니다. 그러나 자전거를 시운전해 보겠다고 기망하여 교부받은 후에 그대로 도주한 경우에는 기망행위와 재물취득(손해발생) 사이에 직접성이 있는 것으로 해석될 수 있습니다. 왜냐하면 시운전하기 위하여 피해자의 지배범위를 멀리 벗어나는 상태에서 그대로 도주하는 행위는 별개의 의미 있는 행위로서 평가될 수 없기 때문입니다.

형법은 사기죄(기수)의 객관적 구성요건으로서 재물 또는 재산상 이익의 취득을 규정하였을 뿐이고 재산상 손해의 발생에 대해서는 기술되어 있지 않습니다. 이에 따라 판례는 사기죄는 재물의 교부를 받거나 재산상의 이익을 취득함으로써 성립하고 이러한 취득으로써 상대방의 재산이 침해되는 것이므로 상대방에게 현실적으로 재산상의 손해가 발생함을 요하지 않는다는 입장입니다) 그러나 사기죄는 재산상의 손해가 발생하여야 인정될 수 있다는 것입니다. 생각건대, 개인적 법익에 관한 재산범죄인 사기죄에서 재산상 피해자가 없는 경우에 기수를 인정하는 것은 이론상 타당하지 않습니다. 재산상 손해는 경제적 재산가치의 감소에 의해 인정됩니다.

재산상 손해는 처분 전후의 피해자의 재산 상태를 비교하여 결정하는 전체계산의 원칙에 따릅니다. 따라서 처분행위에 의해 재산이 감소되었어도 바로 그 처분행위에 의해 직접 상당한 재산상 이익을 얻었다면 재산상 손해는 인정될 수 없습니다.

그러나 기망행위에 의하여 발생한 취소권이나 손해배상청구권과 같은 구제수단은 이익계산에 고려되지 아니합니다. 그리고 금전대출을 하면서 취득한 담보권도 이익계산에 고려되지 않습니다. 그리고 재산상 손해는 얻을 수 있는 이익을 취득하지 못하는 경우에도 인정될 수 있습니다. 따라서 입장권 또는 승차권 없이 입장 또는 승차 경우에도 재산상 손해는 인정됩니다. 그리고 재산의 위험만으로도 재산상 손해는 인정될 수 있습니다. 단순히 계약을 체결한 상태인 경우에도 재산상 손해와 사기죄의 기수는 인정될 수 있습니다. 손해판단은 객관적 기준에 의해 결정하여야 하지만, 그 판단을 위한 재료에는 재산에 대한 피해자의 개인적 관계가 고려되어야 합니다. 즉 손해판단은 객관적 개별적 방법에 의하여야 합니다. 따라서 교부한 재산에 객관적으로 상응하는 대가적 재산을 얻은 경우이더라도 그 재산이 피해자에게 전혀 쓸모가 없는 경우, 생계를 유지하기 어려울 정도로 경제적 부담을 지는 경우, 예컨대 기부금사기와 구걸사기와 같이 처분행위의 사회적 목적이 사라진 경우 등에는 재산상손해가 인정되어야 합니다.

사기죄는 손해와 이익 사이에 소재의 동일성이 있어야 성립합니다. 따라서 타인을 기망하여 고가의 진품을 모조품으로 착각하게 하여서 이를 폐기하게 한 경우에는 손해의 발생은 있지만 그에 상응하는 이익취득은 없기 때문에 소재의 동일성이 부정되어 사기죄가 성립될 수 없습니다. 그러나 타인의 진품을 모조품이라고 속여서 이를 싼 값에 처분하게 한 경우에는 소재의 동일성도 긍정될 수 있을 것이고 행위자와 매수인이 공모하였다면 사기죄의 공동정범으로 처리되어야할 것입니다.

사기죄의 미수범은 처벌됩니다(형법 제352조). 실행의 착수 시기는 편취의 의사로 기망행위를 개시한 때입니다. 구체적으로 보험금편취의 경우에는 회사에 보험금지급을 청구한때, 소송사기의 경우에는 법원에 소장을 제기한 때입니다. 다만 소송사기에서 범죄행위의 종료 시기는 소송이 종료된 때이므로 그때부터 소송사기미수죄(예컨대, 패소판결을 받은 경우)의 공소시효는 기산됩니다. 사기죄의 기수 시기는 재산상의 손해가 발생한 것으로 평가되는 때입니다(그런데 판례는 손해발생을 성립요소로 보지 않기 때문에 기수결정의 기준은 이익취득시가 됩니다).

다만 기망, 착오, 처분, 이득 사이에 인과관계가 없는 경우에는 사기미수가 될 뿐입니다. 구체적으로 소송사기의 경우는 재판이 확정된 때, 보험사기의 경우는 보험금을 교부받은 때, 유가증권의 편취인 경우에는 유가증권을 교부받은 때에 기수가 인정됩니다. 부동산편취의 기수 시기는 현실적인 점유이전이나 소유권이전등기가 경료된 때입니다. 그리고 편취한 재물을 반환한다고 하여 기수가 부정되는 것은 아닙니다(오히려 금원전체에 대해 사기죄가 성립한다는 대판 1998.4.24, 98도248). 여하튼, 특정경제범죄 가중처벌 등에 관한 법률에 의한 가중처벌을 위해서는 재산상 이득이 현실화되어야 하기 때문에 사기죄가 미수인 경우에는 동 법이 적용될 수 없습니다.

제3절 소송사기

　소송사기는 법원에 허위의 사실을 주장하거나 허위의 증거를 제출하여 법원을 기망함으로써 재산적 이익을 얻는 승소판결을 받는 경우를 말합니다. 이 경우 피기망자는 법원이고 피해자는 패소판결을 받는 소송상대방이므로 삼각사기에 해당합니다. 소송사기는 소장을 제출한 때, 허위증거물을 법원에 제출한 때, 허위주장을 담은 서면을 제출한때에 실행의 착수가 있으며, 승소판결이 확정되어야 기수가 됩니다. 즉 확정 이전의 판결 선고만으로는 기수가 될 수 없고, 판결이 확정된 이상 집행되지 않았더라도 기수가 됩니다. 그리고 원고는 물론이고 피고도 소송사기의 주체가 될 수 있습니다. 즉, 방어적 위치에 있는 피고라 하더라도 허위내용의 서류를 작성하여 이를 증거로 제출하거나 위증을 시키는 등의 적극적인 방법으로 법원을 기망하여 착오에 빠트렸다면 사기죄가 성립할 수 있습니다.

　그러나 소송사기죄의 무제한적 적용은 민사재판제도의 위축을 가져올 우려가 있으므로 소송상 주장이 사실과 다름이 객관적으로 명백하거나 증거를 조작하려고 한 흔적이 있는 등의 경우로 제한되어야 합니다. 소송사기는 판결에 의해 재산변동이 가능하여야 성립될 수 있습니다.

　따라서 사자를 상대로 한 제소, 실재하지 않는 자에 대한 제소, 공모자를 상대로 의제자백을 받아 소유권이전등기를 경료케 하는 소송행위는 사기죄가 구성될 수 없습니다. 그리고 허위의 채권으로 가압류, 가처분 또는 재판상 화해를 신청하는 경우에도 사기죄를 구성할 수 없습니다. 왜냐하면 가압류 가처분은 강제집행의 보전절차에 불과하여 그것으로 재산의 이동이 있는 것은 아니고, 법정화해는 하자있는 편취가 아니라 새로운 법률관계가 창설되는 것이기 때문입니다.

　그리고 독촉절차에 해당하는 지급명령의 경우에는 허위의 채권으로 지급명령을 신청하는 경우에는 사기죄의 성립을 인정하여야 합니다. 왜냐하면 지급명령에 의해서 실제로 재산의 이동이 가능하기 때문입니다. 다만 허위의 자료를 제출함이 없이 단지 기한 미 도래의 채권에 대해 지급명령만을 신청한 경우에는 사기죄를 인정할 수 없습니다.

제4절 성립요건

사기죄가 성립하기 위해서는 첫째, '**기망행위**'가 인정되어야 합니다. 둘째, '**착오가 야기**'가 있어야 성립합니다. 셋째, '**처분행위**'가 인정되어야 성립합니다. 넷째, '**기망행위와 착오사이 및 착오와 처분행위 사이에 인과관계**'가 있어야 성립합니다. 다섯째, '**재물 또는 재산상 이익의 취득**'이 있어야 성립합니다. 여섯째, '**재산상 손해발생(위험)**'의 요건이 모두 충족돼야 성립합니다. 사기죄는 위 여섯 가지의 성립요건 중에서 적어도 어느 하나가 흠결된 경우에는 성립하지 않고 사기 미수가 됩니다.

사기죄는 타인을 기망하여 착오에 빠뜨리고 그로 인하여 피기망자(기망행위의 상대방 피해자)가 처분행위를 하도록 유발하여 재물 또는 재산상의 이익을 얻음으로써 성립하는 범죄입니다.

따라서 사기죄가 성립하려면 행위자의 기망행위, 피기망자의 착오와 그에 따른 처분행위, 그리고 행위자 등의 재물이나 재산상 이익의 취득이 있고, 그 사이에 순차적인 인과관계가 존재하여야 사기죄가 성립합니다.

사기죄는 행위자의 기망행위 때문에 피기망자(피해자)가 착오를 일으켜야 하고, 동기의 착오로도 충분합니다. 기망행위(허위의 사실을 말하거나 진실을 은폐함으로써 상대방을 착오에 빠지게 하는 행위, 수단과 방법에 제한이 없고, 한편 거래관계에서 지켜야 할 신의칙에 반하여 상대방을 착오에 빠지게 하는 모든 행위를 기망행위라고 합니다)행위와 착오발생 간 인과관계가 있어야만 사기죄가 성립합니다.

가. 주관적 구성요건

사기죄의 주관적 구성요건은 고의와 불법이득의 의사입니다.

고의의 경우는 확정적 고의는 물론이고 미필적 고의로도 가능합니다.

사기죄의 성립을 위해 요구되는 기망의 고의는 행위 시에 있어야 합니다. 따라서 대금지급이 어려움을 알면서 물건의 납품을 받는 경우, 변제가능성이 없는 상태에서 차용한 경우에는 사기죄가 성립될 수 있습니다. 반면에 단순히 사후적으로 변제할 수 없는 민법상 채무불이행은 사기죄가 성립될 수 없습니다.

사기죄가 성립하기 위해서는 고의를 초과하는 불법이득 또는 불법영득의 의사가 행위자에게 있어야 합니다. 여기의 불법한 이익은 재산상손해를 야기함으로써 취득되어야 합니다. 즉 손해와 이익 사이에 재료동일성이 유지되는 직접적 관계가 성립되어야 합니다. 이와 관련하여 행위자가 기망을 수단으로 하여 자신의 권리를 행사하려는 경우에도 주관적 구성요건요소로서의 불법이득의 의사를 인정할 수 있는지가 특별히 문제됩니다. 이 경우에 행위자의 기망이 사회상규의 범위 내에 있는 경우에는 구성요건 해당성 내지 적어도 위법성이 조각됩니다. 문제는 그 범위를 초과할 때에 있습니다. 이 경우에 대하여 권리행사의 경우에는 이득 자체에 불법성이 없기 때문에 초과이익이 없다면 불법영득(이득)의 의사가 전면적으로 부정되어 사기죄의 구성요건해당성이 부정될 것이고, 반면에 초과이익이 있는 경우에는 취득한 재물 또는 재산상의 이익이 가분인 때에는 초과부분에 대하여, 불가분인 때에는 전체에 대하여 사기죄가 성립합니다.

그러나 권리행사의 수단이 사회통념상 허용되는 범위를 초과하는 경우에는 권리남용으로서 정당성을 인정할 수 없습니다. 즉 목적이 수단을 정당화 할 수는 없는 것입니다. 따라서 사회통념상 용인되는 범위를 초과하는 기망수단은 그 목적이 권리행사에 있었고 그 이익 금액이 권리행사 할 수 있는 금액을 초과하지 않았다고 할지라도 사기죄의 성립을 인정하여야 합니다.

유사수신행위의 금지에 관한 유사수신행위의 규제에 관한 법률 제3조 위반죄와의 죄수판례에 따르면, 유사수신행위의 금지에 관한 유사수신행위의 규제에 관한 법률 제3조 위반죄와 특정경제범죄 가중처벌 등에 관한 법률 제3조 제1항 위반(사기)죄의 관계는 실체적 경합범이 됩니다. 즉, 유사수신행위의 규제에 관한 법률 제3조에서 금지하고 있는 유사수신행위 그 자체에는 기망행위가 포함되어 있지 않고, 이러한 위 법률위반죄와 특정경제범죄 가중처벌 등에 관한 법률 위반(사기)죄는 각 그 구성요건을 달리하는 별개의 범죄로서, 서로 행위의 태양이나 보호법익을 달리하고 있어 양 죄는 상상적 경합관계가 아니라 실체적 경합관계로 봄이 상당할 뿐만 아니라, 그 기본적 사실관계에 있어서도 동일하다고 볼 수 없기 때문입니다.

제3장 특정경제범죄 적용의 대상으로서의 형법 제355조 공갈죄

1. 객관적 구성요건

특정경제범죄 법적용의 대상이 되는 형법 제350조의 공갈죄는 사람을 공갈하여 재물의 교부를 받거나 재산상의 이익을 취득하거나 제3자로 하여금 이를 취득하게 함으로써 성립하는 범죄입니다. 공갈죄는 사기죄와 같이 편취죄이기 때문에 객관적 구성요건요소는 사기죄와 유사하게 첫째, 공갈행위 둘째, 상대방의 외포심 셋째, 처분행위 넷째, 재물 또는 재산상 이익의 취득 내지 손해의 발생으로 구성됩니다.

공갈죄는 그 주체에는 제한이 없는 비 신분 범입니다.

공갈죄의 객체는 타인이 점유하는 재물 또는 재산상의 이익입니다.

그 개념은 사기죄의 그것과 동일합니다. 동산은 물론이고 부동산도 포함됩니다. 공갈죄는 재산 범으로서 그 객체인 재산상 이익은 경제적 이익이 있는 것을 말합니다. 일반적으로 부녀와의 정교 그 자체는 이를 경제적으로 평가할 수 없는 것이므로 부녀를 공갈하여 정교를 맺었다고 하여 이로써 재산상 이익을 갈취한 것이라고 볼 수는 없습니다. 이 경우에는 적어도 강요죄, 폭행 협박의 강도가 강한 경우에는 강간죄가 성립될 수 있습니다.

다만 폭행 또는 협박의 공갈행위를 통하여 매음대가의 지급을 면한 경우에는 공갈죄가 성립될 수 있습니다. 그러나 부녀가 주점 접대부라 할지라도 매음을 전제로 정교를 맺은 것이 아니면 공갈죄가 성립하지 않습니다. 그리고 근로를 제공하지 않은 것도 이익 취득이 될 수 있습니다. 종업원이 주인을 협박하여 업소에 취직을 하여 그 주인으로부터 월급상당액을 교부받았으나 그 종업원이 주인에게 종업원으로서 상당한 근로를 제공한 바가 없는 경우에 공갈죄는 성립합니다.

공갈죄의 행위는 바로 공갈입니다.

공갈은 재물의 교부를 받거나 재산상의 이익을 취득하기 위하여 상대방에게 폭행 또는 협박으로 외포 심을 일으켜 그 의사 결정과 행동의 자유에 제한을 가할 때에 인정됩니다. 폭행 또는 협박의 정도는 사람의 의사 결정이나 행동의 자유를 제한하는 것으로 충분한 점에서 반드시 상대방의 반항을 억압할 정도에 이를 것을 요하는 강도죄의 그것과 구별됩니다. 공갈죄의 폭행은 사람에 대한 유형력의 행사를 말하는 것입니다. 그런데 공갈은 상대방의 의사결정에 제한을 가하는 것이기 때문에 상대방의 의사자유권을 전제로 합니다. 따라서 상대방의 의사자유권을 전제로 하는 강제적 폭력은 여기의 폭행에 해당할 수 있으나, 상대방의 의사자유권을 물리력에 의해 완전히 박탈해 버리는 절대적 폭력은 여기의 폭행이 될 수가 없습니다.

공갈죄의 협박은 타인에게 일정한 해악을 가할 것을 고지하여 그로 하여금 외포심을 일으키게 하는 것을 말합니다. 공갈죄에 있어서의 협박은 강도죄 또는 강간죄에 있어서의 협의의 협박과는 달리 상대방이 저항할 수 없을 정도로 의사를 억압하여야 할 필요는 없고, 사람의 의사와 행동의 자유를 제한하는 정도로써 족합니다. 따라서 상대방에게 해악을 가할 것을 고지하는 것은 반드시 그 해악을 발생케 할 의도가 있을 필요도 없고 현실적으로 해악발생의 가능성이 있어야 하는 것도 아닙니다. 다만 상대방에게 이러한 의도가 있다는 것과 사실상 이러한 해악이 일어날 수 있는 가능성이 있다는 것을 인식할 수 있도록 하는 것으로 족합니다. 해악고지의 수단방법은 명시적이거나 직접적이 아니더라도 묵시적으로 피공갈자 이외의 제3자를 통해서 간접적으로 할 수도 있는 것도 포함됩니다.

고지된 해악의 실현은 반드시 그 자체가 위법한 것임을 요하지 않으며, 고소의 경우에는 고소할 의사가 있었는지의 여부와 고소가 가능한 것인지의 여부를 불문하고 이는 공갈죄의 협박에 해당합니다.

특정경제범죄 가중처벌 등에 관한 법률이 적용될 수 있는 공갈죄의 기수가 성립하기 위해서는 공갈행위의 상대방은 외포 심을 가져야 하고 그것에 의하여 재산상의 처분행위를 하여야 합니다. 이 경우의 처분행위에는 직접 피해자의 손해를 야기했다고 평가될 수 있는 처분효과의 직접성이 요구됩니다. 다만 여기의 처분행위에는 반드시 작위에 한하지 아니하고 부작위 또는 묵인으로도 족합니다. 따라서 상대방이 외포 심을 느껴 재물교부를 묵인하고 있는 상태에서 공갈자가 직접 재물을 가져가는 경우에도 처분효과의 직접성과 공갈죄는 인정될 수 있습니다.

기망 후 행위자가 재물을 절취한 경우에는 책략절도와 사기죄의 한계가 문제되지만(즉 행위수단의 질적 차이), 폭행 또는 협박을 한 이후에 행위자가 재물을 절취하는 경우에는 그 폭행 협박의 정도에 따라 강도죄와 공갈죄의 한계가 문제될 수 있을 뿐입니다(즉 행위수단의 양적 차이입니다).

공갈죄의 기수가 인정되기 위해서는 공갈행위, 공포심, 처분행위 사이에 각자 인과관계가 인정되어야 성립합니다. 공갈은 하였으나 전혀 공포심을 야기하지 못해 처분행위가 없는 경우는 물론이고, 처분행위가 있는 경우에도 동정과 같은 다른 이유에서 이루어진 경우에는 미수만이 인정될 수 있습니다. 공갈죄가 성립하기 위해서는 처분행위자와 피공갈자는 반드시 일치하여야 하지만, 피공갈자(처분행위자)와 재산상 피해자 사이와 공갈자와 재물 또는 재산상 이익의 취득자 사이는 일치할 필요가 없습니다(말하자면 제3자의 취득도 가능하기 때문입니다).

다만 피공갈자(처분행위자)와 피해자가 불일치할 경우에 처분행위자는 적어도 피해자의 재산을 처분할 사실상의 지위에 있어야 성립합니다. 공갈죄의 미수범은 처벌됩니다. 미수범을 인정하는 시점인 실행착수는 폭행 협박과의 밀접성을 기준으로 결정되어야 합니다. 공갈죄의 기수에는 재물의 교부를 받거나 재산상의 이익을 취득하거나 제3자로 하여금 이를 취득하게 함으로써 인정되는 것으로 규정되어 있습니다. 그러나 공갈죄도 재산범죄이기 때문에 피해자의 손해발생을 기수인정의 요건으로 삼아야 합니다. 다만 공갈죄는 상대방이 폭행이나 협박을 당하여 대개는 원하지 아니하는 재산상 처분행위를 하기 때문에 공갈자의 재물 취득은 그것이 상당한 대가를 지급한 경우에도 피해자의 손해발생을 의미하는 것으로 해석될 수 있습니다.

폭행 협박을 당한 상대방이 객관적으로 상당한 대가에 주관적으로도 만족하고 재물을 교부한 경우에는 공갈죄의 미수가 인정되어야 할 것입니다.

특정경제범죄 가중처벌 등에 관한 법률에 의하여 가중처벌을 위해서 재산상 이득이 현실화되어야 하기 때문에 공갈죄가 미수인 경우는 특정경제범죄 가중처벌 등에 관한 법률이 적용될 수가 없습니다.

2. 성립요건

공갈죄가 성립을 하려면 첫째, 가해자가 상대방이 느낄 수 있는 수준의 '협박'이나 '위력'이 수반되어야 성립합니다. 둘째, 가해자가 피해자에게 '공포심을 유발할 정도의 해악을 고지'하여야만 성립합니다. 셋째, 가해자의 협박이나 위력으로 인하여 상대방의 의사에 반하는 처분행위를 하게 하여야 성립합니다. 넷째, 가해자가 협박이나 위력에 의하여 재물이나 재산상의 이익을 얻었어야 성립합니다.

한편 공갈죄는 가해자가 피해자를 협박하거나 강압적인 행동을 통하여 심리적으로 압박을 가하여야 성립합니다. 공갈죄는 협박이나 강압적인 행동으로 가해자가 재물을 취득하거나 재산상의 이익을 얻었어야 성립합니다. 공갈죄는 가해자가 재물을 강제로 빼앗으려는 '고의'가 있었어야 성립합니다.

3. 주관적 구성요건

공갈죄의 주관적 구성요건은 객관적 구성요건에 대한 인식과 의사를 의미하는 고의와 그것을 초과하는 불법이득(영득)의 의사입니다. 고의의 경우에는 미필적 고의로도 족합니다. 그리고 이득(영득)의사의 '불법성'은 권리행사의 목적으로 공갈의 수단을 사용하는 경우에도 인정될 수 있는가의 권리행사와 공갈죄의 문제로서 다루어집니다.

제4장 특별법적용의 대상으로서의 형법상 상습 사기죄와 상습 공갈죄

형법의 상습사기죄는 상습으로 사기죄를 범한 경우에 성립하고 이 경우 형벌이 가중됩니다(형법 제351조). 상습은 동종의 범행을 반복하는 습벽이 있을 때에 인정됩니다. 습벽이 있어야 하므로 전과가 있더라도 오랜 시간이 경과한 경우에는 상습사기죄의 성립이 부정될 수 있습니다. 그리고 사기행위의 습벽에는 동종의 수법에 의한 사기범행의 습벽만을 의미하는 것이 아니라 이종의 수법에 의한 사기범행을 포괄하는 사기의 습벽도 포함됩니다. 상습사기죄에 포함되는 사기행위는 포괄일죄로 취급되므로, 판결선고 시를 기준으로 하여서 그 이전의 모든 구성행위에 확정판결의 기판력은 미칩니다. 그리고 형법의 상습공갈죄는 상습으로 공갈죄를 범함으로써 성립합니다(형법 제351조). 상습공갈죄는 이를 구성하는 여러 행위를 포괄일죄로 취급하면서, 형을 가중하는 가중적 구성요건입니다.

제5장 특별법적용의 대상으로서의 형법 제355조 제1항 횡령죄

1. 객관적 구성요건

특정경제범죄 법적용의 대상이 되는 형법 제355조 제1항 횡령죄는 타인의 재물을 보관하는 자가 그 재물을 횡령하거나 반환을 거부함으로써 성립하는 범죄입니다. 횡령죄는 행위객체가 재물에 한정되는 순 재물 횡령죄입니다.

횡령죄의 주체는 위탁관계에 의하여 타인의 재물을 보관하는 자입니다. 따라서 횡령죄에서의 점유는 신분요소로서의 점유가 됩니다(대부분의 재산범죄에서 점유가 행위객체의 요소인 것과는 다릅니다). 여기서 보관은 사실상의 개념입니다. 따라서 점유보조자의 점유도 인정되고 있습니다. 그리고 횡령죄에서 보관(점유)은 주체가 되는 신분요소이기 때문에 재물을 사실상의 지배하면서 횡령하는 것 이외에 법률상 지배하면서 횡령하는 것도 포함되어야 합니다. 따라서 횡령죄에서의 점유는 사실상 지배 이외에 법률상 지배도 포함되어야 합니다. 부동산의 경우에는 부동산을 사실상 지배하고 있는 자는 물론, 등기명의를 가지고 있는 자도 여기의 보관자가 될 수 있습니다. 한편 명의신탁으로 등기를 받은 수탁자, 소유권보존등기가 되어 있지 않은 건물의 건축허가명의를 수탁 받은 자, 어업면허권의 명의를 넘기지 않은 어업면허권양도자는 횡령죄의 주체가 될 수 있습니다.

다만 부동산을 제3자에게 유효하게 처분할 수 있는 권능이 있는 자만이 횡령죄의 주체가 될 수 있습니다. 그리고 단순히 부동산에 대한 등기서류만을 임치하고 있는 자는 물권변동의 형식주의에 의하면 처분할 수 없는 무 권리자이므로 그 상태에서는 횡령죄의 주체가 되기 어렵습니다. 그리고 등기명의와 관계없이 부동산을 법적으로 용이하게 처분할 수가 있는 지위에 있는 자도 횡령죄의 주체가 될 수 있습니다. 부동산을 소유하는 미성년자의 법정대리인과 후견인, 부동산의 법적 상속인은 등기명의와 관계없이 횡령죄의 주체가 될 수 있습니다.

유가증권의 경우는 증권의 소지만으로 법률적으로 그 증권이 표창하는 재물을 처분할 수 있기 때문에 그 재물의 소지자로서도 평가될 수 있습니다. 따라서 창

고증권의 임치인은 재물을 사실상 지배하고 있지 않는다 하더라도 그 재물에 대한 횡령죄의 주체가 될 수 있습니다.

불법하게 재물을 처분하면 횡령죄가 성립될 수 있습니다. 그러나 채권자가 그 채권의 지급담보를 위하여 채무자로부터 수표를 발행·교부받아 이를 소지한 경우에 채권자는 단순히 타인재물을 보관하는 것과 달리 수표상의 권리를 유효하게 취득하는 것이므로 이 경우에 채권자는 횡령죄의 주체가 아닙니다. 타인의 돈을 위탁받아 은행에 예금한 경우는 수탁자가 보관자라는 것이 판례의 태도입니다. 수탁자가 예금액을 찾아 착복하면 횡령죄가 성립합니다. 그러나 구체적으로 나누어 살펴보는 것이 더욱 타당합니다. 우선 금전을 단순히 맡기는 경우에 소유권이 임치자에게 넘어가는 소비임치로 보는 것이 타당하므로 수탁자는 타인의 사무를 처리하는 배임죄의 주체에 불과한 것으로 보는 것이 정당합니다. 그러나 금전의 구체적인 용도가 지정되거나 예금위탁 된 경우에 수탁자는 횡령죄의 주체가 되는 것으로 보아야 할 것입니다. 타인의 재물을 보관하는 것은 위탁관계에 의한 것이어야 합니다.

횡령죄의 본질은 위탁의 신임관계에 위배하여 타인의 재물을 영득하는 것에 있기 때문입니다. 우연히 타인의 재물을 점유하는 자는 여기의 보관자가 될 수 없습니다. 이를테면 송금절차의 착오로 인하여 상대방의 은행계좌에 입금되었음을 기화로 이를 착복한 경우에 횡령죄는 성립될 수 없습니다. 이 경우에 타인의 재물을 착복하면 점유이탈물횡령죄 내지 은행을 기망한 사기죄가 성립될 수 있을 것입니다. 따라서 절도, 강도, 사기 또는 공갈에 의한 점유도 위탁관계에 의한 점유가 아니므로 이를 통해 얻은 재물을 영득하여도 별도로 횡령죄가 성립하지 않습니다.

횡령죄에 있어 타인을 위하여 재물을 보관하게 된 원인은 임치, 사용대차, 임대차 등의 계약에 의한 경우 또는 사무관리와 같은 법률규정이 있는 경우는 물론이고 기타 널리 거래의 신의성실에 비추어 재물을 보관위탁 받은 것으로 볼 수 있는 경우에 발생됩니다. 그리고 위탁관계는 반드시 소유자의 위탁행위에 기인한 것임을 필요로 하지 않습니다. 이를테면 피해자들을 대신하여 그들의 지분을 피고소인 명의로 은행에 예금해 두었던 금원을 피고소인이 착복한 경우에도 횡령죄는 성립합니다.

횡령죄에 대한 행위객체는 자기가 점유하는 타인의 재물입니다. 배임죄가 재물 이외의 재산상 이익만을 대상으로 하는 그 점에 비하여 횡령죄는 순재물죄입니다. 여기의 재물에는 권리가 화체된 문서(권리 자체는 재물이 아닙니다)와 부동산도 포함됩니다. 그리고 재물은 타인의 소유에 속하여야 합니다.

타인은 행위자 이외의 자연인은 물론이고 법인(회사), 법인격 없는 단체, 조합 등을 포함합니다. 공유, 합유 또는 총유와 같은 공동소유의 경우에도 여기서는 타인소유가 됩니다. 따라서 행위자가 공동소유의 일원이라고 하더라도 그 공동소유물을 착복하면 횡령죄가 성립합니다.

그리고 주식회사에서 주주가 투자한 재산의 소유권은 법적으로 회사에게 귀속합니다. 따라서 1인회사의 주주가 회사의 금원을 보관 중 임의로 소비하면(업무상) 횡령죄가 성립합니다. 재물의 타인소유성은 원칙적으로 민법에 의하여 결정되어야 합니다. 이는 민·형사 간 법질서의 통일성이 유지되어야 하기 때문입니다. 따라서 계주가 계원들이 불입한 계금을 착복한 경우는 그 계의 법적 성질이 소비임치라면 횡령죄가 성립할 수 없습니다(배임죄의 성립은 가능합니다).

법적 성질이 '소비임치'라고 하면 계금 모두의 소유권이 계주에게 일단 넘어가기 때문입니다. 그러나 계의 법적 성질이 조합(즉 공동소유의 형태)이라면 횡령죄가 성립 될 수 있습니다. 그리고 위탁판매 의뢰 품과 그 판매대금은 상법 제103조에 의하면 원칙적으로 위탁자의 소유가 됩니다. 따라서 판매업자가 이를 착복하면 횡령죄가 성립합니다.

할부판매에서 대금완납이 있을 때까지 물품의 소유권이 매도인에게 유보되었다면 할부매수자가 대금완납 전에 물품을 임의로 처분하게 되면 횡령죄가 성립합니다. 그러나 환매특약부 매매의 경우는 소유권이 매수인에게 일단 넘어가고 내부적으로 채무변제 시에 환매특약만 있는 것이기 때문에 매수인이 변제기전에는 임의처분 하더라도 횡령죄는 성립되지 않습니다(이는 배임죄는 성립됩니다).

금전 기타의 대체물을 위탁받은 자가 이것을 착복하는 경우에 이것에 대해 타인 소유의 재물을 보관하다가 영득한 횡령죄로서 평가할 수 있는가가 문제됩니다. 만약 금전 기타의 대체물이 봉함 금 또는 공탁금과 같이 특정물로서 위탁된 경우는 타인의 재물을 보관한 것이 되어서 이를 착복하면 의심 없이 횡령죄가 성립합니다.

반면 금전 기타의 대체물을 명백히 소비임치(민법 제720조)로서 위탁한 경우는 일단 그 재물은 수탁자의 소유물이 되므로 이를 임의로 소비하더라도 횡령죄는 성립될 수 없습니다. 그리고 금전 기타의 대체물에 대해 별 다른 의사표시가 없이 위탁한 경우에는 그 법적 성질은 소비임치라고 해석되어야 합니다. 금전 기타의대체물은 재물의 개성 보다는 그 가치 또는 금액이 중시되는 것이고 고도의 유통성을 가지기 때문에 별다른 의사표시가 없으면 소유권이 일단 수취인에게 넘어가는 것으로 보는 것이 타당하기 때문입니다. 한편 일정한 용도에 사용하기 위하여 위탁한 금전의 경우에 있습니다. 이 경우 금전 기타의 대체물은 가치에 중점이 있으므로 타인의 재물이라고 할 수 없기 때문에 이를 착복하면 배임죄가 될 뿐입니다.

특별히 용도가 지정된 경우에는 소유권이 수탁자에게 이전되는 소비임치로 볼 수 없기 때문에 이를 착복하면 타인소유의 재물을 영득한 횡령죄가 된다는 견해가 있으나 판례는 이 경우 횡령죄의 성립을 인정합니다. 일정용도에 사용할 목적으로 금전 기타의 대체물을 맡긴 것이라면 반드시 소비임치라고 해석할 당위성은 나오지 않습니다. 이러한 경우에는 위탁자의 소유를 그대로 인정하여 보관자가 이를 영득하면 횡령죄가 성립하는 것으로 해석하는 것이 타당합니다.

횡령죄의 행위는 보관하고 있는 타인소유의 재물을 영득하는 것입니다.

여기의 영득에는 횡령하는 것과 반환을 거부하는 것이 포함합니다.

횡령행위는 객관적으로 인식할 수 있는 방법으로 영득의 의사를 표현하는 행위를 말합니다. 영득의사가 표현되어야 하므로 단순한 내심의 영득의사만으로는 횡령이 될 수 없습니다. 그리고 횡령은 소비, 착복, 은닉과 같은 사실행위는 물론이고 매매, 대여, 입질 저당 등의 담보제공, 증여, 가등기경료등과 같은 법률행위도 여기에 포함됩니다. 그리고 법률행위의 경우에는 그것이 법률상 인정되는 행위인 이상 구체적으로 유효 또는 무효인 여부는 불문합니다. 다만 법률상 인정되지 아니하는 행위는 아예 어떠한 법효과가 발생할 수 없기 때문에 횡령죄가 성립될 수 없습니다.

또한 작위는 물론이고 부작위에 의한 횡령도 가능합니다.

이를테면 사법경찰관리가 영치한 재물을 영득할 의사로서 검사에게 송부하지 않는 경우가 부작위에 의한 영득행위가 됩니다. 횡령죄의 영득행위에는 반환거부도 포함됩니다. 그러나 반환불능의 사정이 있거나 반환거부권이 있으면 횡령행위가 될 수 없습니다(이 경우 불법영득의 의사도 없다는 대법원 판례도 있습니다). 따라서 임차인이 점포에 물건을 두고 나가 버리고 그 이후 그 물건의 반환을 청구한 것에 대해 임대인이 미납월세의 납부를 조건으로 반환을 거부한 경우에는 횡령죄가 성립될 수 없습니다.

횡령죄의 미수는 처벌됩니다.

판례는 명의신탁된 부동산을 매각하여 소유권이전등기를 완료할 때 또는 저당권을 설정하여 근저당권 설정등기를 마치는 때에 기수가 된다고 합니다. 이를테면 횡령죄의 보호법익은 타인의 소유권이므로 객관적 구성요건의 실현(영득의사를 표현한 영득행위의 충족합니다)도 타인소유권을 침해할 위험이 있는 정도에 이르러야 합니다. 그런데 동산의 경우에는 인도라는 간이 한 공시방법만으로 소유권이 침해되므로 매매의 의사표시를 하게 되면 이미 법익침해의 위험성은 발생한 것으로 볼 수 있습니다. 한편 보관중인 타인의 보석반지를 팔려고 보석상으로 갔으나 보석상이 이를 매입하지 않은 경우에도 횡령죄의 기수가 되며, 매매교섭 중 순찰중인 경찰관에게 체포된 경우에도 횡령죄의 기수가 됩니다.

그러나 부동산은 등기라는 다소 엄격한 공시방법을 갖추어야 타인소유권을 침해할 수 있고, 특히 우리나라에서는 등기이전이 있어야 비로소 물권변동도 인정되는 성립요건주의가 적용되므로 단순한 매매의 의사표시가 법익침해의 위험성을 야기하는 표현이라고 평가될 수는 없습니다. 따라서 부동산의 경우는 소유권이전등기를 경료하였을 때 비로소 횡령죄의 기수를 인정하는 논리가 얼마든지 전개될 수 있습니다. 다만 횡령죄를 위험 범으로 보는 입장에서는 부동산소유권이전을 위해 등기서류를 넘겼을 때 이미 기수가 되는 것으로 다소 판례보다 앞당겨 기수시기를 인정하는 것이 더욱 합리적일 것으로 판단됩니다. 왜냐하면 거의 형식적으로 등기변경이 이루어지는 현재의 등기제도상 등기서류를 넘긴 상태에서는 이미 소유권침해의 위험성은 발생한 것으로 평가될 수 있기 때문입니다.

이와 같이 횡령죄를 위험 범으로 이해하더라도 실행착수 이후 위험발생 이전의 시간적 간격은 얼마든지 인정될 수 있기 때문에 보통의 미수범 형태로도 성립될 수 있습니다. 따라서 횡령죄의 미수는 반드시 중지미수 또는 자기의 소유물이나 무주물을 타인의 재물로 오신하고 영득한 경우와 같이 불능미수(불능범)의 형태로서만 가능하다고 볼 수는 없습니다.

특정경제범죄 가중처벌 등에 관한 법률에 의한 가중처벌을 위해서는 재산상 이득이 현실화되어야 하기 때문에 횡령죄가 미수인 경우에는 동 법이 적용될 수 없습니다.

2. 주관적 구성요건

횡령죄의 주관적 구성요건은 객관적 구성요건에 상응하는 인식과 의사를 의미하는 고의와 횡령죄의 본질에 대한 영득행위에 의하면 그것을 초과하는 주관요소인 불법영득의 의사입니다. 이 경우 고의는 미필적 고의로도 족합니다.

불법영득의 의사라 함은 자기 또는 제3자의 이익을 꾀할 목적으로 보관하는 타인의 재물을 자기의 소유인 것 같이 사실상 또는 법률상 처분하는 의사를 말합니다.

영득의사는 위법하여야 하므로 위법성의 문제와도 관련성을 가집니다.

행위 시에 이러한 의사가 있는 이상 사후에 반환하거나 변상하려는 의사가 있는 경우에도 인정됩니다. 그러나 보관자가 소유자의 이익을 위하여 이를 처분하였다면 불법영득의 의사가 없다고 볼 수도 있습니다. 그리고 단순한 항목유용에는 불법영득의 의사가 인정될 수 없습니다. 또한 피해자의 승낙이 있거나 행위자가 정당한 권리특별법적용의 대상으로서의 형법상 업무상횡령죄는 업무상의 임무에 위배하여 횡령죄를 범함으로써 성립하는 범죄입니다(형법 제356조).

3. 성립요건

횡령죄(형법 제355조 제1항 횡령죄는 타인의 재물을 보관하는 자가 그 재물을 횡령하거나 그 반환을 거부한 때는 5년 이하의 징역 또는 1,500만 원 이하의 벌금에 처합니다)가 성립하기 위해서는 첫째, '타인의 재물'을 둘째, '보관하는 자'가 셋째, '횡령' 하거나 '반환'을 거부하면 형법 제355조 제1항 횡령죄가 성립합니다.

타인의 재물을 보관하는 자가 횡령을 하거나 반환을 거부하는 행위가 바로 '횡령죄' 입니다. 그러므로 위탁에 의하여 보관하는 재물을 영득한 때에 횡령죄가 성립합니다. 그래서 횡령죄의 요소는 재물의 타인성 즉 위탁관계에 관한 신뢰관계에 배반 이를테면 횡령 또는 반환거부라고 말할 수 있습니다.

제6장 특별법적용의 대상으로서의 형법상 배임죄

1. 객관적 구성요건

특정경제범죄 법적용의 대상이 되는 형법 제355조 제2항 배임죄는 타인의 사무를 처리하는 자가 그의 임무에 위배하는 행위를 하여서 재산상의 이익을 취득하거나 제3자로 하여금 이를 취득케 하고 본인에게 손해를 가하는 것임을 내용으로 하는 범죄입니다.

배임죄의 객체는 재산상 이익에 한하므로 배임죄는 순수한 이득 죄입니다. 한편 배임의 죄가 전체로서의 재산권 일반을 객체로 하는 것에 비하여 횡령죄는 특수한 재물만을 객체로 함으로써 양자 간에는 특별과 일반의 구성요건의 관계에 있습니다.

배임죄의 주체는 타인의 사무를 처리하는 자만이 행위주체가 될 수 있는 진정신분 범입니다. 여기서 타인의 사무를 처리하는 자는 타인과의 대내관계에 있어 신의성실의 원칙에 비추어 그의 사무를 처리할 신임관계가 존재한다고 인정되는 자를 의미하고, 반드시 제3자에 대한 대외관계에서는 그 사무에 관한 대리권이 존재할 것을 요하지 않습니다.

배임죄에 있어서 사무 처리의 근거로서는 법령(친권자, 후견인, 파산관재인, 집달관 또는 회사의 대표자 등), 계약 또는 법률행위(위임, 고용, 임치 등), 관습의 어느 것에 의하건 묻지 않고, 사실상의 것도 포함합니다. 사실상 학교법인의 경영을 주도하고 업무를 총괄하며 학교의 자금을 보관·관리하는 업무를 취급하고 있는 학교법인의 이사 겸 학교법인이 설립한 고등학교의 교장이 학교재산에 관한 임대차계약을 체결한 경우에는 업무상배임죄의 주체가 될 수 있습니다.

다만 사무 처리를 위임한 자와의 행위자 사이에는 신임관계가 존재하여야 합니다. 그러나 여기의 신임관계는 사실상의 관계로도 족하기 때문에 법적인 대리권의 소멸 또는 직위로부터의 해임된 경우에도 사실상의 신임관계가 아직 남아 있는 한 배임죄 주체가 될 수 있습니다. 그러나 주식회사의 감사가 회사 명의의 유가증권을 위조·행사하더라도 그 행위는 회사의 사무 처리와 무관하므로 배임죄가 성립될 수 없습니다. 사무 처리의 근거가 된 법률행위가 무효가 되더라도 여전히 위임자의 재산을 보호해야 할 사실상의 신임관계가 존재하는 것으로 해석되는 경우에 배임죄의 주체가 될 수 있습니다. 반면에 위임자의 재산에 아무런 손해를 끼칠 수 없는 무효의 법률행위를 한 자에게는 배임죄의 주체가 인정될 수 없습니다.

불법의 원인급여를 하기로 한 임무를 위배하는 자도 배임죄의 주체가 될 수 없습니다. 배임죄의 주체에 관련된 사무의 내용은 사적 사무는 물론이고 공적 사무도 포함됩니다. 첫째, 재산상의 사무임을 요하지 아니한다는 점 둘째, 적어도 재산적 이해관계를 가지는 사무이어야 한다는 점 셋째, 재산상의 사무에 엄격히 제한된다는 점입니다. 판례에서는 배임죄에서 "타인의 사무를 처리하는 자"라 함은 양자 간의 신임관계에 기초를 둔 타인에 대한 재산의 보호 내지 관리의무가 있음을 그 본질적 내용으로 하는 경우라고 판시하고 있습니다.

배임죄는 타인의 재산권을 침해하는 것을 내용으로 하는 재산범죄이기 때문에 배임죄의 주체가 되는 사무 처리는 재산사무의 처리에 한정되는 것으로 해석하는 것이 타당합니다. 따라서 타인의 재산관리와 관계가 없는 단순히 채무를 불이행하는 자는 배임죄의 주체가 될 수 없습니다. 이를테면 공장건축을 위한 도급계약의 수급자가 약속한 설계도면대로 시공하지 않은 경우, 채권자에게 채권변제가 있을 때까지 자기소유 미등기부동산에 대한 임대권을 부여한 채무자가 중간에 그 부동산을 제3자에게 팔아 버린 경우에 행위자는 배임죄의 주체인 특별히 타인재산을 관리 내지 보전하는 사무를 처리하는 자가 아니고, 단순한 민법상 채무불이행자에 불과합니다. 배임죄의 주체는 특별히 타인의 재산을 보전하는 사무를 처리하는 자에 제한합니다.

따라서 타인과의 계약관계에서 그 계약을 이행하여야 할 단순한 채무자는 자기사무를 처리하는 자로서 평가될 뿐이고 배임죄의 주체인 타인사무를 처리하는 자로 평가될 수는 없습니다. 다만 타인의 재산을 보호할 사무임과 동시에 자기의 사무로서의 성질을 가지는 경우에 배임죄의 주체가 될 수 있습니다. 타인사무 또는 자기사무의 구별은 구체적 사례에 따라 개별적으로 평가하여야 합니다. 그런데 청구권에 불과한 채권채무관계에 있어서는 여기의 타인사무성이 인정될 수 없고, 더 나아가 물권관계가 설정되어야 비로소 타인사무성이 인정될 수 있을 것입니다.

이를테면 담보물권관계가 설정된 경우에는 변제기까지 담보물이 보관되어야 하기 때문에 변제기 이전에 이것을 처분하는 자는 적어도 배임죄의 주체가 될 수 있습니다(그 이전에 횡령죄의 주체가 되기도 합니다). 그러나 변제기까지 채무자가 채무변제를 하지 않자 양도담보권자가 그 담보물을 정산절차를 거치지 않고 제3자를 위하여 담보로 제공하거나, 부당하게 염가로 처분한다거나(이 경우에는 배임죄의 성립을 긍정한 판례도 있습니다), 정산잔여금을 돌려주지 않은 경우(이 경우에 배임죄의 성립을 긍정한 판례도 있습니다)에는 배임죄의 성립이 부정되어야 합니다. 왜냐하면 변제기까지 채무변제가 없으면 채권자는 담보부동산에 대하여 확실한 소유권자로서 자기 임의로 처분할 권한이 발생하고, 처분 후에 정산하지 않는 것은 자신의 채무불이행에 불과하기 때문입니다.

배임죄의 행위는 타인의 사무를 처리하는 자가 그 임무에 위배하는 행위, 즉 배임행위를 하여 재산상의 이익을 취득하고 본인에게 손해를 가하는 것입니다. 배임행위가 되는 그 여부는 그 사무의 성질과 내용 및 행위 시의 상황 등을 구체적으로 검토하여야 합니다. 이 경우 법령의 규정, 계약의 내용 또는 신의칙상 당연히 하여야 할 것으로 기대되는 행위를 하지 않거나 당연히 하지 않아야만 할 것으로 기대되는 행위를 함으로써 본인과의 신임관계를 저버리는 일체의 행위가 여기에 포함될 수 있습니다. 그러나 양도담보권자가 변제기의 도과 후에 채권추심을 위해 담보부동산을 처분하는 경우와 환매조건부로 대물변제한 부동산을 채권자가 환매기일이 지난 후에 처분한 경우에는 채권자가 정당한 권리를 행사한 경우이므로 배임행위가 될 수 없습니다.

또한 소유자에게 경락포기의 약속을 한 자라고 하더라도 그가 경락허가결정이 확정된 후에 대금을 완납하고 소유권을 취득한 경우와 타인명의로 등기되어 있는 자기소유의 부동산에 대하여 자기 앞으로 이전등기 한 경우(부동산실명법이 요구하는 내용입니다)에는 실질적 권리관계에 상응한 조치이므로 역시 배임행위가 될 수 없습니다.

배임행위에는 법률행위이든 사실행위이든, 권한의 남용이든 의무의 위반이든, 작위이든 부작위이든 모두 가능합니다. 따라서 처리할 사무가 투기적 성질을 가지는 소위 모험적 거래인 경우에는 통상의 거래관행을 벗어나지 않는 한 배임행위가 되지 않습니다. 한편 회사의 투기사업을 담당하는 자가 통상의 거래범위 내에서 투기행위를 하다가 다소 손해가 발생하였다고 하여서 곧바로(업무상) 배임죄가 인정되어서는 안 됩니다. 그리고 사무 처리에 대하여 피해자의 동의나 승낙이 있는 경우에도 배임행위가 인정될 수 없습니다.

특정 경제범죄 가중처벌 등에 관한 법률이 적용될 수 있는 배임죄(기수)가 성립하기 위해서는 자기 또는 제3자가 재산상의 이익을 취득하여야 성립합니다.

2. 성립요건

배임죄(형법 제355조 제2항 배임죄는 타인의 사무를 처리하는 자가 그 임무에 위배하는 행위를 하여서 재산상의 이익을 취득하거나 제3자로 하여금 이를 취득케 하고 본인에게 손해를 가하는 것임을 내용으로 하는 범죄입니다.

배임죄가 성립하려면 첫째, 가해자가 '타인의 사무를 처리하는 자의 지위' 에 있어야만 성립합니다. 둘째, 가해자가 '자신의 의무에 반하는 행위를 하여 타인에게 손해를 끼쳐야 성립합니다. 셋째, 가해자의 행위로 인해 본인 '피해자에게 실질적인 재산상 손해가 발생' 하여야 배임죄가 성립합니다.

제7장 특별법적용의 대상으로서의 형법 제356조 제1항 업무상횡령죄

1. 객관적 구성요건

특정경제범죄 법적용의 대상이 되는 형법 제356조 제1항 업무상횡령죄의 주체는 업무상의 '위탁관계'에 의하여 타인의 재물을 보관하는 자에 제한됩니다. 따라서 업무상횡령죄는 신분 범입니다. 그런데 횡령죄가 타인의 재물을 보관하는 자에 행사한 경우에는 위법성 내지 영득의사의 불법성이 부정될 것입니다.

업무상횡령죄는 신분 범인데 비하여 업무상횡령죄는 그에 더하여 '업무 자'라는 신분이 추가되는 경우입니다. 따라서 업무상횡령죄는 이중의 신분을 요하는 이중적 신분 범입니다. 한편 구성적 신분요소를 가진 진정신분 범에 해당하는 횡령죄와 비교하면 업무상횡령죄는 업무 자라는 추가된 신분요소로 인해 형이 가중되는 것으로 즉 가중적 신분요소를 가진 부 진정신분 범에 해당하는 가중 적 구성요건입니다.

형법에서 업무는 사람이 사회생활상의 지위에 기하여 계속하여 행하는 사무를 말합니다. 업무상횡령죄의 특성상 여기의 업무는 타인의 재물을 보관하는 것을 내용으로 하는 사무를 의미합니다. 그리고 여기의 업무는 계속성이 있는 이상 직업 또는 영업임을 요하지 않고, 자기를 위한 사무이든 타인을 위한 사무이든 주된 업무이든 부수적 업무이든 불문하며, 반드시 법령 또는 그 계약에 근거될 필요도 없습니다.

특히 면허를 받지 않은 것과 같이 절차상의 불법이 있다 하여도 업무 자체가 위법하지 않으면 여기의 업무에 해당합니다.

업무상횡령죄가 성립하기 위해서 행위자는 불법영득의 의사를 가지고 보관하는 타인의 재물을 횡령하여야 합니다. 여기서 불법영득의 의사는 타인의 재물을 보관하는 자가 자기 또는 제3자의 이익을 꾀할 목적으로 업무상의 임무에 위배하여 보관하는 타인의 재물을 자기의 소유인 경우와 같이 사실상 또는 법률상 처분하는 의사를 의미합니다.

업무상횡령죄의 성립과 관련하여 회사 또는 단체가 소유하는 금전을 그 조직내부의 사무분담에 따라 관리 보전하는 자가 그에 대한 금전을 착복하는 경우가 특히 문제될 수 있습니다. 생각건대, 이 경우에 회사 또는 단체의 금전을 관리하는 자에게 타인 재물에 대한 업무상 보관자로서의 지위가 인정되어야 할 것이고, 그러한 자가 회사에 재산상 피해를 입히는 금전의 영득행위를 한 이상 원칙적으로 불법영득의 의사와 업무상횡령죄의 성립이 인정됩니다.

횡령죄가 성립하기 위해서는 그 재물의 보관자와 재물의 소유자(또는 기타의 본권자) 사이에 법률상 또는 사실상의 위탁신임관계가 존재하여야 합니다. 위탁신임관계를 발생시키는 명의신탁관계는 반드시 신탁자와 수탁자 사이의 명시적 계약에 의하여만 성립하는 것이 아니라 묵시적 합의에 의해서도 성립할 수 있습니다. 묵시적 합의가 있었는지 여부는 위탁자와 수탁자 사이의 관계, 수탁자가 그 재물을 보관하게 된 동기와 경위, 위탁자와 수탁자 사이의 거래 내용과 태양 등의 모든 사정을 종합하여 사회통념에 비추어 합리적으로 판단하여야 합니다. 횡령죄에 있어서 타인을 위하여 재물을 보관하게 된 원인은 반드시 소유자의 위탁행위에 기인한 것임을 필요로 하지 않습니다.

2. 성립요건

업무상횡령죄가 성립을 하기 위해서는 첫째, 가해자가 '업무와 관련하여 타인의 재물을 보관' 하고 있어야만 성립합니다. 둘째, 가해자가 '불법으로 자신의 이익을 위하여 사용하거나 처분하는 행위' 를 하여야 성립합니다. 셋째, 가해자가 '횡령할 의도를 가지고 있어야' 업무상횡령죄가 성립합니다.

회사 또는 단체의 금전을 관리하는 자에게 타인의 재물에 대한 업무상 보관자로서의 지위가 인정되어야 할 것이고, 그러한 자가 회사에 재산상 피해를 입히는 금전의 영득행위를 한 이상 원칙적으로 불법영득의 의사와 '업무상횡령죄' 의 성립이 인정됩니다.

업무상횡령죄의 '업무' 는 사회생활의 지위에 기하여 계속 또는 반복하여 행하는 사무를 말합니다. 일정한 사무를 계속하고 있는 이상 반드시 직업 또는 영업일 필요는 없고 보수나 이익을 얻는 생활수단일 필요도 없습니다. '업무'로 인한 '주업'이든 '부업'이든 묻지 않습니다. 타인을 위한 사실상 행하는 사무라도 무방합니다. 업무상횡령죄의 업무는 공무이건 사무이건 가리지 않고 타인의 재물 보관을 주된 내용으로 하는 것만이 아니고 업무수행과 관련하여 관례상으로 타인의 재물을 보관하는 경우도 업무에 포함합니다. 부하직원이 현실적으로 보관하고 있는 때 그 소속장도 업무상 보관자가 될 수 있습니다.

특정된 금전을 타인으로부터 위탁받아 보관중인 자는 그 특정금전에 대한 점유자입니다. 불특정한 금전을 위탁한 경우, 그 금전에 대한 소유권은 원칙적으로 수치인에게 이전된다고 할 것이고 수치인은 타인의 재물을 보관하는 자가 아니라 타인의 사무처리하는 자로 보아야 합니다. 그 수탁자가 예금액을 언제라도 인출할 수 지위에 있는 한 예금액에 대한 법률상의 지배로서 불특정물에 대한 점유를 갖고 있다고 보아야 합니다. 유가증권 소지인은 비록 재물에 대한 사실성의 지배가 없더라도 유치물을 자유롭게 처분할 수 있는 지위에 있으므로 그 재물에 대한 점유를 가집니다.

업무상횡령죄가 성립하기 위해서 행위자는 불법영득의 의사를 가지고 보관하는 타인의 재물을 횡령하여야 합니다. 여기서 불법영득의 의사는 타인의 재물을 보관하는 자가 자기 또는 제3자의 이익을 꾀할 목적으로 업무상의 임무에 위배하여 보관하는 타인의 재물을 자기의 소유인 경우와 같이 사실상 또는 법률상 처분하는 의사를 의미합니다.

업무상횡령죄의 성립과 관련하여 회사 또는 단체가 소유하는 금전을 그 조직내부의 사무분담에 따라 관리 보전하는 자가 그에 대한 금전을 착복하는 경우가 특히 문제될 수 있습니다. 생각건대, 이 경우에 회사 또는 단체의 금전을 관리하는 자에게 타인 재물에 대한 업무상 보관자로서의 지위가 인정되어야 할 것이고, 그러한 자가 회사에 재산상 피해를 입히는 금전의 영득행위를 한 이상 원칙적으로 불법영득의 의사와 업무상횡령죄의 성립이 인정됩니다.

제8장 특별법적용의 대상으로서의 형법 제356조 제2항 업무상배임죄

1. 객관적 구성요건

특정경제범죄 법적용의 대상이 되는 형법 제356조 제2항 업무상배임죄는 업무상의 임무에 위배하여 재산상의 이익을 취득하거나 제3자로 하여금 취득케 하고 본인에게 손해를 입힘으로써 성립하는 범죄입니다.

배임죄에 비하여 업무자라는 신분으로 인하여 형이 가중되는 가중적 구성요건입니다. 여기서 신분요소가 되는 업무의 근거는 법령, 계약, 관습의 어느 것에 의하건 묻지 않고, 사실상의 것도 포함합니다. 따라서 사실상 학교법인의 경영을 주도하고 업무를 총괄하며 학교자금을 보관·관리하는 업무를 취급하고 있는 학교법인의 이사 겸 학교법인이 설립한 고등학교의 교장이 학교재산에 관한 임대차계약을 체결한 경우에는 업무상배임죄의 주체가 될 수 있습니다.

업무상배임죄는 그 주체가 단순배임죄의 주체를 비로소 구성할 수 있는 타인의 사무를 처리하는 자로서의 신분(즉 진정신분범의 구성적 신분)과 단순배임죄에 비하여 형을 가중시키는 업무자로서의 신분(즉 부진정신분범의 가감적 신분)이라는 이중의 신분이 요구되는 소위 이중적 신분범입니다. 따라서 업무상배임자의 행위에 일반인이 가담한 경우에 업무상 배임자는 업무상배임죄에 의해 처벌되지만, 일반인에게는 형법 제33조의 단서에 의해서 업무상배임죄의 공범은 인정될 수 없으나 제33조의 본문에 의하여 단순배임죄의 공범은 인정됩니다.

다만 업무상배임죄의 실행으로 인하여 이익을 얻게 되는 수익자 또는 그와 밀접한 관련이 있는 제3자를 배임의 실행행위자와 공동정범으로 인정하기 위해서는 실행행위자의 행위가 피해자인 본인에 대한 배임행위에 해당한다는 것을 알면서도 소극적으로 그 배임행위에 편승하여 이익을 취득한 것만으로는 부족합니다. 실행행위자의 배임행위를 교사하거나 또는 배임행위의 전 과정에 관여하는 등으로 배임행위에 적극 가담할 것을 필요로 합니다.

배임죄가 성립하려면 주관적인 요건으로 임무위배의 인식과 그로 인하여 자기 또는 제3자가 이익을 취득하고 본인에게 손해를 가한다는 인식 이를테면 배임의 '고의'가 있어야만 성립하고 이러한 인식은 미필적 인식으로도 인정됩니다.

어느 회사의 투기사업을 담당하는 자가 통상의 거래범위 내에서 투기행위를 하다가 회사의 다소 손해가 발생하였다고 하여서 곧바로 업무상배임죄가 인정되어서는 안 됩니다. 이것은 사무처리에 대하여 피해자의 회사의 동의나 승낙이 있는 경우에도 배임행위가 인정될 수 없습니다.

타인의 사무를 처리하는 자는 타인과의 대내관계에 있어 신의성실의 원칙에 비추어 그의 사무를 처리할 신임관계가 존재한다고 인정되는 자를 의미합니다. 반드시 제3자에 대한 대외관계에서는 그 사무에 관한 대리권이 존재할 것을 요하지 않습니다.

업무상배임죄에 있어 사무 처리의 근거는 법령, 계약 또는 법률행위, 관습의 어느 것에 의하건 묻지 않고, 사실상의 것도 포함합니다. 이를테면 사실상 학교법인의 경영을 주도하고 업무를 총괄하며 학교의 자금을 보관·관리하는 업무를 취급하고 있는 학교법인의 이사 겸 학교법인이 설립한 고등학교의 교장이 학교재산에 관한 임대차계약을 체결한 자체는 업무상배임죄에 대한 주체가 될 수 있습니다.

2. 성립요건

업무상배임죄가 성립하기 위해서는 첫째, 가해자의 '임무 위배의 행위'가 있어야 성립합니다. 둘째, 가해자의 임무 위배 행위로 제3자가 재산상의 이익을 얻고 그로 인해 본인에게 '재산상 손해가 발생'되어야 성립합니다. 셋째, 가해자가 '임무를 위배할 의도' 즉 고의를 가지고 있어야 업무상배임죄가 성립합니다.

임무를 위배하는 행위는 사무의 내용, 성질 등의 구체적인 상황에 비추어 법률규정, 계약의 내용, 신의칙상 당연히 지켜야 하는 행위를 하지 않거나 당연히 하지 말아야 할 것으로 기대되는 행위를 함으로써 본인과 사이의 신임관계를 저버리는 일체의 행위를 가리켜 임무의 위배라고 합니다.

배임죄는 업무상 타인의 사무를 처리하는 자가 임무를 위배하는 행위를 하고 그 임무위배행위로 인하여 재산상의 이익을 취득하거나 제3자로 하여금 이를 취득하게 하여 본인에게 재산상 손해를 끼친 때에 업무상배임죄가 성립합니다.

한편 임무 위배 행위로 인하여 재산상 이익과 손해가 발생하더라도 재산상 이익과 손해 사이에 서로 대응한 관계에 있는 등 일정한 관련성이 인정되어야만 업무상배임죄가 성립합니다.

제9장 특정경제범죄 고소장 작성방법

특정경제범죄 가중처벌 등에 관한 특례법 소정의 고소장은 어떻게 작성해야 한다는 정형은 없지만 수사권이 있는 검찰청에서 수사를 담당하는 검사가 고소장을 읽고 피의자에 대한 유죄의 심증을 움직일 수 있도록 설명하는 식으로 고소장을 작성되어져야 합니다.

첫째 쪽은 수사권이 있는 검찰청에서 고소장의 접수와 검찰청의 내부적으로 결재 등을 위하여 상당한 공간이 필요하므로 아래와 같이 첫 페이지를 작성하는 것이 좋습니다.

1. 표지 - 고소장

2. 고소인 - 성명

3. 피고소인 - 성명

4. 고소장 제출하는 날짜

5. 위 고소인 성명(인)

6. 수사기관의 표시(이를테면 '인천지방검찰청 검사장 귀중'으로 기재하시면 됩니다)

둘째 쪽은 아래와 같이 구성하여 둘째 페이지를 작성하시면 됩니다.

1. 표지 - 고소장

2. 고소인 - 성명, 주소, 주민번호, 휴대전화

3. 피고소인 - 성명, 주소, 주민번호, 휴대전화

4. 고소 취지
   이를테면 고소인은 피고소인을 특정경제범죄 가중처벌 등에 관한 특례법 재3조 제1항 형법 제347조(사기), 제350조(공갈), 제351조(제347조 및 제350조의 상습범에 한합니다), 제355조(횡령, 배임), 제356조(업무상의 횡령과 배임)의 죄로 고소하오니 피고소인을 철저히 수사하여 법의 준엄함을 깨달을 수 있도록 엄벌에 처하여 주시기 바랍니다.

반드시 고소장에는 피고소인의 처벌을 희망하는 뜻이 들어있어야 합니다.

5. 고소사실

① 적용법조

특정경제범죄 가중처벌 등에 관한 법률 제3조 제1항은 형법 제347조(사기), 제350조(공갈), 제351조(제347조 및 제350조의 상습범에 한합니다), 제355조(횡령, 배임), 제356조(업무상의 횡령과 배임)의 죄를 범한 자는 그 범죄행위로 인하여 취득하거나 제3자로 하여금 취득하게 한 그 재물 또는 재산상 이익의 가액이 5억 원 이상인 때에는 1.이득 액이 50억 원 이상인 때에는 무기 또는 5년 이상의 징역, 2.이득 액이 5억 원 이상 50억 원 미만인 때에는 3년 이상의 유기징역에 처합니다.

② 당사자 관계

이를테면 고소인과 피고소인은 아무런 친·인척관계가 없으며, 고소인은 주소지에서 건설업을 하고 있고, 피고소인은 주소지에 거주하고 정읍시 ○○로길 ○○.에 있는 토지, 건물을 소유하고 있습니다.

③ 고소이유

가, 고소인은 ○○○○. ○○. ○○. ○○:○○경에 토지를 매입하여 이곳에 다세대주택을 건축하여 분양하기로 하고 부동산을 물색하고 있던 중 우연히 피고소인이 소유하고 있는 전라북도 정읍시 ○○로길 ○○, 소재 토지 ○○○.○○㎡를 매입하려고 위 부동산을 둘러보고 금 800,000,0 00원에 매수하기로 했습니다.

나, 고소인은 피고소인이 소유하는 위 부동산을 매입할 당시 건물(주택)에는 아무도 살지 않고 임차인도 없고 임차인이 있더라도 임대차보증금은 매매대금에 포함시켜 매도자인 피고소인이 해결하기로 하고 매매대금을 상환으로 위 부동산을 인도하기로 하였습니다.

다, 고소인은 매매계약에 따라 계약금 100,000,000원을 계약당일 지급하였고 중도금을 ○○○○. ○○. ○○. 금 200,000,000원을 지급하였고, 2차 중도금을 ○○○○. ○○. ○○. 금 100,000,000원을 지급하였고 3차 중도금 ○○○○. ○○. ○○. 금 200,000,000원을 지급하고 잔금 금 200,000,000원은 소우권이전등기서류를 상환으로 지급하기로 하였습니다.

라, 잔금지급기일에 이르러 200,000,000원을 가지고 피고소인에게 찾아가 소유권이전등기에 필요한 서류를 요구하면서 마지막으로 등기부등본을 발급받아 보았는데 전혀 위 부동산에는 임차인이 없다고 해서 매매계약서에 기재하고 매매계약을 체결한 것인데 ○○○○. ○○. ○○.(매매계약 ○○○○. ○○. ○○.체결한 24일 후) 고소 외 ○○○의 전세권설정등기 금 200,000,000원은 고소인이 피고소인과 매매계약을 체결한 이후 한 달도 채 지나지 않아 등기가 되어있었고, 고소 외 ○○○은 ○○○○. ○○. ○○. 고소인이 중도금 1차를 지급할 무렵에 금 300,000,000원의 전세권설정등기가 각 등재되어 있어 피고소인에게 권리관계를 잔금지급기일을 기준으로 하여 해제를 요구하자 아무런 대안을 제시하지 못하는 바람에 결국 고소인은 잔금 200,000,000원을 지급하지 못했습니다.

마, 그 이후 고소인은 피고소인에게 내용증명을 발송하고 ○○○○. ○○. ○○.까지 매매부동산에 대한 권리관계 위 전세권설정등기를 말소하고 잔금 금 200,000,000원을 수령과 동시에 소유권이전등기서류를 교부하라고 발송하였음에도 불구하고 현재에 이르기까지 아무런 연락도 없습니다.

바, 피고소인은 의도적으로 고소인에게 위 부동산의 매매계약을 체결하더라도 소유권을 이전할 의사도 없이 부동산의 매매대금 총 800,000,000원 중에서 계약금을 비롯하여 중도금을 포함하여 총 600,000,000원을 지급받은 상태에서 잔금 200,000,000원을 상환으로 위 부동산에 등재되어 있는 권리관계(전세권설정등기)를 모두 말소하고 소유권이전등기를 하여야 할 의무가 있음에도 불구하고 오히려 피고소인은 매매계약을 체결한 이후 고소 외 ○○○에게 금 200,000,000원으로 하는 전세권설정등기를 경료 해주었고, 고소 외 ○○○에게 금 300,000,000원으로 하는 전세권설정등기를 경료 하여 도 합계 금 500,000,000원 상당의 전세권설정등기를 경료 한 것만 보더라도 피고소인은 처음부터 고소인에게 위 부동산을 매매하더라도 소유권을 이전할 의사가 없으면서 위 부동산을 고소인에게 매매하였습니다.

사, 이에 고소인은 계속해서 피고소인에게 이 사건 부동산에 대한 매매계약의 위약으로 고소인이 지급한 계약금 금 100,000,000원의 배액배상 금 200,000,000원을 요구하고 나머지 중도금 금 500,000,000원을 포함하여 총 700,000,000원을 반환하라고 촉구하였으나 아무런 연락도 없이 아예 감적하였습니다.

아, 고소인은 피고소인을 특정경제범죄 가중처벌 등에 관한 법률 제3조 제1항 형법 제347조(사기),에 의하여 고소하게 된 것이오니 피고소인을 철저히 수사하여 엄벌에 처하여 주시기 바랍니다.

6. 증거자료

  □ 고소인은 고소인의 진술 외에 제출할 증거가 없습니다.
  ■ 고소인은 고소인의 진술 외에 제출할 증거가 있습니다.
  ☞ 제출할 증거의 세부내역은 별지를 작성하여 첨부합니다.

7. 관련사건의 수사 및 재판여부

  ① 중복 고소여부

  ② 관련 형사사건 수사유무

  ③ 관련 민사소송 유무

8. 기타

   본 고소장에 기재한 내용은 고소인이 알고 있는 지식과 경험을 바탕으로 모두 사실대로 작성하였으며, 만일 허위사실을 고소하였을 때에는 형법 제156조 무고죄로 처벌받을 것임을 아울러 서약합니다.

9. 고소장 제출하는 날짜

10. 위 고소인 성명(인)

11. 수사기관의 표시

    인천지방검찰청 검사장 귀중으로 기재하시면 됩니다.

12. 별지 - 증거자료 세부 목록

    ① 인적증거 -

    ② 증거서류 -

    ③ 증거물 -

    ④ 기타증거 - 추후 필요에 따라 제출하겠습니다.

제10장 특정경제범죄 고소방법

1. 수사권 및 고소장 접수

특정경제범죄 법적용의 대상이 되는 범죄에 대한 형법 제347조 사기죄, 제350조 공갈죄, 제355조 제1항 횡령죄, 제355조 제2항 배임죄, 제356조 제1항 업무상횡령죄, 제356조 제2항의 업무상배임죄를 범한 사람은 그 범죄행위로 인하여 취득하거나 제3자로 하여금 취득하게 한 재물 또는 재산상의 이득의 가액이 5억 원 이상의 경우 검찰에 수사권이 있습니다.

고소장은 피고소인의 주소지를 관할하는 지방검찰청이나 지청에 접수하여야 합니다. 다만 범죄의 피해액이 5억 원이 초과하지 아니하는 사기죄, 공갈죄, 횡령죄, 배임죄, 업무상횡령죄, 업무상배임죄 고소사건의 수사권은 경찰에 1차적 수사권, 수사종결권이 있기 때문에 피고소인의 주소지를 관할하는 경찰서에 고소장을 접수하여야 합니다.

2. 수사와 판단

검찰에 수사권이 있는 특정경제범죄 법적용의 대상이 되는 형법 제347조 사기죄, 제350조 공갈죄, 제355조 제1항 횡령죄, 제355조 제2항 배임죄, 제356조 제1항 업무상횡령죄, 제356조 제2항 업무상배임죄에 대한 고소장이 피고소인의 주소지를 관할하는 지방검찰청이나 지청에 접수되면 검사가 수사한 결과 피의자에 대한 범죄혐의 유죄로 인정되면 법원에 공소를 제기하고, 피의자에 대한 범죄혐의 인정되지 않는다고 판단하면 불기소처분을 할 수 있습니다.

불기소처분을 통지받은 고소인은 불기소처분통지서를 송달받은 날부터 30일 이내에 불기소처분을 한 그 검사 소속 지방검찰청이나 지청을 경유하여 관할 고등검찰청 검사장에게 항고할 수가 있습니다.

경찰에 1차적 수사권과 수사종결권이 있는 범죄 피해액이 5억 원 미만의 사건에 대한 고소장이 피고소인의 주소지를 관할하는 경찰서에 접수되면 사법경찰관이 수사한 결과 피의자에 대하여 범죄혐의 인정되면 1차적 수사권에 의하여 기소의견으로 검찰에 송치하고, 피의자에 대한 범죄혐의 인정되지 않는다고 판단하면 수사종결권에 의하여 불송치(경찰의 수사와 판단만으로 경찰에서 자체적으로 고소사건을 종결한다는 뜻입니다)결정을 할 수가 있습니다.

3. 검사의 불기소처분 대응

검사가 수사권이 있는 특정경제범죄 사기죄, 공갈죄, 횡령죄, 배임죄, 업무상횡령죄, 업무상배임죄 고소사건을 검사가 수사한 결과 피의자에 대한 범죄혐의가 인정되지 않는다는 이유로 불기소처분을 한 경우 고소인이 불기소처분을 인정할 수 없다면 바로 불기소처분을 한 그 검사 소속의 지방검찰청이나 지청을 경유하여 관할 고등검찰청 검사장에게 '항고' 하여야 합니다.

항고를 받은 고등검찰청 검사는 고소인의 항고가 이유 있다고 판단하면 첫째, 재기수사명령 둘째, 주문변경명령 셋째, 공소제기명령 넷째, 직접 수사하여 경정하게 됩니다. 그러므로 항고장에는 검사가 불기소처분을 한 것은 어떤 부분의 수사가 제대로 하지 않고 검사가 자의적으로 판단한 잘못이 있다거나 고소장에 피의사실을 주장하고 고소인이 진술을 하였음에도 불구하고 검사가 불기소처분을 하면서 이 부분에 대한 수사와 판단을 다하지 않은 점이 있으면 구체적으로 지적하고 고등검찰청의 검사에게 설명하는 식으로 항고장을 작성하여야 효과적입니다.

4. 경찰의 결정

사법경찰관이 수사한 결과 피의자에 대한 범죄혐의 인정되지 않는다는 판단으로 불송치 결정을 한 때에는 7일 이내에 서면으로 고소인에게 기소의견으로 검찰에 송치하지 아니하는 취지와 그 이유를 통지하여야 합니다.

5. 고소인의 이의신청

불송치결정통지를 송달받은 고소인은 그 사법경찰관 관서의 장(경찰서장)에게 이의신청을 할 수 있습니다. 따라서 형사소송법이 개정되면서 불송치 결정에 대한 이의신청을 할 수 있는 기간을 따로 정하지 않았습니다. 그래서 사기죄, 공갈죄, 횡령죄 업무상횡령죄 배임죄 고소사건의 공소시효가 만료되기 전에는 언제든지 이의신청을 할 수 있습니다.

6. 정보공개청구

이의신청서를 작성할 때에는 사법경찰관이 불송치 결정을 한 이유가 무엇인지 파악하고 그에 따른 이의신청서를 작성하고 검사에게 설명하는 식으로 작성하여야 합니다. 대부분 불송치통지서에는 구체적인 불송치이유를 기재하지 않고 있기 때문에 바로 사법경찰관 소속 경찰서 종합민원실로 가셔서 정보공개를 청구하여 사법경찰관이 작성한 불송치이유를 발급받아 불송치이유에 위법이나 부당한 부분을 이의신청서를 통하여 지적하여야 고소인에게 훨씬 유리합니다.

7. 수사기록 송부

이의신청을 받은 사법경찰관은 지체 없이 고소인이 제출한 이의신청서와 사법경찰관이 사기죄, 공갈죄, 횡령죄, 배임죄, 업무상횡령죄, 업무상배임죄 고소사건에 대해 지금까지 수사한 수사기록을 비롯하여 증거물을 고스란히 검사에게 송부하여야 합니다.

8. 검사의 재수사 요청

검사는 사법경찰관으로 하여금 고소인이 제출한 이의신청서와 사기죄, 공갈죄, 횡령죄, 배임죄, 업무상횡령죄, 업무상배임죄의 수사기록을 넘겨받은 검사로서는 사법경찰관이 한 불송치 결정이 위법 또는 부당한 때는 90일 이내에 재수사 요청 여부를 판단하여야 합니다.

9. 이의신청의 이유 기재

사법경찰관으로 하여금 유죄가 인정될 수 있도록 고소장을 잘 작성하고 고소인 진술을 통하여 범죄혐의를 입증하여야만 사법경찰관이 불송치 결정을 할 수 없습니다.

불송치결정을 받았다면 고소인으로서는 이의신청서를 통하여 검사에게 사법경찰관이 불송치이유로 심은 법적 근거가 어떠한 이유에서 왜 잘못되었는지 검사가 이의신청서만 알고도 알 수가 있도록 작성하여야 이의신청을 받아들여 다시 사법경찰관에게 재수사를 하게하고 최종적으로 기소 여부를 판단하기 때문에 고소인의 목적을 달성할 수 있습니다.

최신 서식

(1) 고소장 - 특정경제범죄 사기죄 매매계약을 속여 매매대금을 착복하여 가중처벌을 요구하는 고소장 최신서식 ·················· 55

(2) 고소장 - 특정경제범죄 사기죄 동업을 하자며 거짓말로 자금을 교부받아 도박자금으로 낭비하여 처벌을 요구하는 고소장 ····· 63

(3) 고소장 - 특정경제범죄 공갈죄 정교사실을 남편에게 알리겠다고 협박하여 갈취하였으므로 처벌요구 고소장 최신서식 ············ 71

(4) 고소장 - 특정경제범죄 공갈죄 노래방에서 만나 성교한 것을 가족에게 알리겠다고 공갈하여 금품을 갈취하여 처벌요구 고소장 ··· 79

(5) 고소장 - 특정경제범죄 업무상횡령 회사의 수금직원이 회사를 위하여 수금한 돈을 보관하던 중 횡령하여 처벌하는 고소장 최신서식 ··· 87

(6) 고소장 - 특정경제범죄 업무상횡령죄 분양대금을 교부받아 보관하던 중 임의대로 사용하여 처벌요구 고소장 ······················· 94

(7) 고소장 - 특정경제범죄 횡령죄 매매중도금을 보관하던 중 횡령하여 개인용도로 사용 처벌요구 고소장 최신서식 ················ 101

(8) 고소장 - 특정경제범죄 횡령죄 기계를 보관하였는데 리스계약을 체결 대금을 횡령하여 처벌을 요구하는 고소장 ···················· 109

(9) 고소장 - 특정경제범죄 업무상배임 조합의 대부계 직원이 무담보로 대출 회수불능 처벌요구 고소장 최신서식 ···················· 118

(10) 고소장 - 특정경제범죄 업무상배임 법인재산을 주주총회 특별결의 없이 매각 업무상배임 처벌요구 고소장 125

(11) 고소장 - 특정경제범죄 배임죄 중도금을 지급받은 상태에서 타에 부동산을 매매하고 인정등기 처벌요구 고소장 최신서식 134

(12) 고소장 - 특정경제범죄 형법 제355조 제2항 배임 분양받은 점포를 제3자에게 매매 소유권이전 처벌요구 고소장 최신서식 142

제11장 특정경제범죄 고소장 최신서식

(1) 고소장 - 특정경제범죄 사기죄 매매계약을 속여 매매대금을 착복하여 가중처벌을
    요구하는 고소장 최신서식

고 소 장

고 소 인 : ○ ○ ○

피고소인 : ○ ○ ○

전주지방검찰청 정읍지청장 귀중

고 소 장

1. 고소인

성명	○ ○ ○	주민등록번호	생략
주소	전라북도 정읍시 ○○로 ○길 ○○, ○○○호		
직업	생략	사무실 주소	생략
전화	(휴대폰) 010 - 2781 - 0000		
대리인에 의한 고소	☐ 법정대리인 (성명 : , 연락처) ☐ 소송대리인 (성명 : 변호사, 연락처)		

2. 피고소인

성명	○ ○ ○	주민등록번호	생략
주소	정읍시 ○○○로 ○번길 ○○, ○○○-○○○호		
직업	무직	사무실 주소	생략
전화	(휴대폰) 010 - 1267 - 0000		
기타사항	고소인과의 관계 - 친·인척관계 없습니다.		

3. 고소취지

피고소인이 고소인을 속여 고소인으로부터 금 600,000,000원을 편취하여 고소하니 피고소인을 철저히 수사하여 법의 준엄함을 절실히 깨달을 수 있도록 위법사실을 수사하여 엄중히 처벌하여 주시기 바랍니다.

4. 범죄사실

(1) 적용법조

○ 특정경제범죄 가중처벌 등에 관한 법률 제3조 제1항은 형법 제347조(사기), 제350조(공갈), 제351조(제347조 및 제350조의 상습범에 한합니다), 제355조(횡령, 배임), 제356조(업무상의 횡령과 배임)의 죄를 범한 자는 그 범죄행위로 인하여 취득하거나 제3자로 하여금 취득하게 한 그 재물 또는 재산상 이익의 가액이 5억 원 이상인 때에는

1. 이득 액이 50억 원 이상인 때에는 무기 또는 5년 이상의 징역,

2. 이득 액이 5억 원 이상 50억 원 미만인 때에는 3년 이상의 유기징역에 처합니다.

(2) 당사자의 관계

○ 고소인과 피고소인은 아무런 친·인척관계가 없으며, 고소인은 주소지에서 건설업을 하고 있고, 피고소인은 주소지에 거주하고 정읍시 ○○로길 ○○.에 있는 토지, 건물을 소유하고 있습니다.

(3) 고소이유

가, 고소인은 ○○○○. ○○. ○○. ○○:○○경에 토지를 매입하여 이곳에 다세대주택을 건축하여 분양하기로 하고 부동산을 물색하고 있던 중 우연히 피고소인이 소유하고 있는 전라북도 정읍시 ○○로길 ○○, 소재 토지 ○○○.○○㎡를 매입하려고 위 부동산을 둘러보고 금 800,000,000원에 매수하기로 했습니다.

나, 고소인은 피고소인이 소유하는 위 부동산을 매입할 당시 건물(주택)에는 아무도 살지 않고 임차인도 없고 임차인이 있더라도 임대차보증금은 매매대금에 포함시켜 매도자인 피고소인이 해결하기로 하고 매매대금을 상환으로 위 부동산을 인도하기로 하였습니다.

다, 고소인은 매매계약에 따라 계약금 100,000,000원을 계약당일 지급하였고 중도금을 ○○○○. ○○. ○○. 금 200,000,000원을 지급하였고, 2차 중도금을 ○○○○. ○○. ○○. 금 100,000,000원을 지급하였고 3차 중도금 ○○○○. ○○. ○○. 금 200,000,000원을 지급하고 잔금 금 200,000,000원은 소우권이전등기서류를 상환으로 지급하기로 하였습니다.

라, 잔금지급기일에 이르러 200,000,000원을 가지고 피고소인에게 찾아가 소유권이전등기에 필요한 서류를 요구하면서 마지막으로 등기부등본을 발급받아 보았는데 전혀 위 부동산에는 임차인이 없다고 해서 매매계약서에 기재하고 매매계약을 체결한 것인데 ○○○○. ○○. ○○.(매매계약 ○○○○. ○○. ○○.체결한 24일 후) 고소 외 ○○○의 전세권설정등기 금 200,000,000원은 고소인이 피고소인과 매매계약을 체결한 이후 한 달도 채 지나지 않아 등기가 되어있었고, 고소 외 ○○○은 ○○ ○○. ○○. ○○. 고소인이 중도금 1차를 지급할 무렵에 금 300,000,000원의 전세권설정등기가 각 등재되어 있어 피고소인에게 권리관계를 잔금지급기일을 기준으로 하여 해제를 요구하자 아무런 대안을 제시하지 못하는 바람에 결국 고소인은 잔금 200,000,000원을 지급하지 못했습니다.

마, 그 이후 고소인은 피고소인에게 내용증명을 발송하고 ○○○○. ○○. ○○.까지 매매부동산에 대한 권리관계 위 전세권설정등기를 말소하고 잔금 금 200,000,000원을 수령과 동시에 소유권이전등기서류를 교부하라고 발송하였음에도 불구하고 현재에 이르기까지 아무런 연락도 없습니다.

바, 피고소인은 의도적으로 고소인에게 위 부동산의 매매계약을 체결하더라도 소유권을 이전할 의사도 없이 부동산의 매매대금 총 800,00 0,000

원 중에서 계약금을 비롯하여 중도금을 포함하여 총 600,000,000원을 지급받은 상태에서 잔금 200,000,000원을 상환으로 위 부동산에 등재되어 있는 권리관계(전세권설정등기)를 모두 말소하고 소유권이전등기를 하여야 할 의무가 있음에도 불구하고 오히려 피고소인은 매매계약을 체결한 이후 고소 외 ○○○에게 금 200,000,000원으로 하는 전세권설정등기를 경료 해주었고, 고소 외 ○○○에게 금 300,000,000원으로 하는 전세권설정등기를 경료 하여 도 합계 금 500,000,000원 상당의 전세권설정등기를 경료 한 것만 보더라도 피고소인은 처음부터 고소인에게 위 부동산을 매매하더라도 소유권을 이전할 의사가 없으면서 위 부동산을 고소인에게 매매하였습니다.

사, 이에 고소인은 계속해서 피고소인에게 이 사건 부동산에 대한 매매계약의 위약으로 고소인이 지급한 계약금 금 100,000,000원의 배액배상 금 200,000,000원을 요구하고 나머지 중도금 금 500,000,000원을 포함하여 총 700,000,000원을 반환하라고 촉구하였으나 아무런 연락도 없이 아예 잠적하였습니다.

아, 고소인은 피고소인을 특정경제범죄 가중처벌 등에 관한 법률 제3조 제1항 형법 제347조(사기),에 의하여 고소하게 된 것이오니 피고소인을 철저히 수사하여 엄벌에 처하여 주시기 바랍니다.

5. 증거자료

- □ 고소인은 고소인의 진술 외에 제출할 증거가 없습니다.
- ■ 고소인은 고소인의 진술 외에 제출할 증거가 있습니다.
- ☞ 제출할 증거의 세부내역은 별지를 작성하여 첨부합니다.

6. 관련사건의 수사 및 재판여부

① 중복 고소여부	본 고소장과 같은 내용의 고소장을 다른 검찰청 또는 경찰서에 제출하거나 제출하였던 사실이 있습니다 ☐ / 없습니다 ■
② 관련 형사사건 수사유무	본 고소장에 기재된 범죄사실과 관련된 사건 또는 공범에 대하여 검찰청이나 경찰서에서 수사 중에 있습니다 ☐ / 수사 중에 있지 않습니다 ■
③ 관련 민사소송 유무	본 고소장에 기재된 범죄사실과 관련된 사건에 대하여 법원에서 민사소송 중에 있습니다 ☐ / 민사소송 중에 있지 않습니다 ■

7. 기타

본 고소장에 기재한 내용은 고소인이 알고 있는 지식과 경험을 바탕으로 모두 사실대로 작성하였으며, 만일 허위사실을 고소하였을 때에는 형법 제156조 무고죄로 처벌받을 것임을 아울러 서약합니다.

○○○○ 년 ○○ 월 ○○ 일

위 고소인 : ○ ○ ○ (인)

전주지방검찰청 정읍지청장 귀중

별지 : 증거자료 세부 목록
(범죄사실 입증을 위해 제출하려는 증거에 대하여 아래 각 증거별로 해당 난을 구체적으로 작성해 주시기 바랍니다)

1. 인적증거

성 명	○ ○ ○	주민등록번호	생략		
주 소	정읍시 ○○로 ○길 ○○, ○○○호			직업	회사원
전 화	(휴대폰) 010 - 2390 - 0000				
입증하려는 내용	위 ○○○은 고소인이 피고소인과 매매계약을 체결한 사실과 권리 관계의 말소를 요구한 사실에 대하여 옆에서 직접 입회한 사실이 있어 이를 입증하고자 합니다.				

2. 증거서류

순번	증 거	작성자	제출 유무
1	부동산 매매계약서	고소인	■ 접수시 제출 □ 수사 중 제출
2	매매대금지급영수증	고소인	■ 접수시 제출 □ 수사 중 제출
3	등기부등본	고소인	■ 접수시 제출 □ 수사 중 제출
4	내용증명서	고소인	■ 접수시 제출 □ 수사 중 제출
5	잔금 수표 사진	고소인	■ 접수시 제출 □ 수사 중 제출

3. 증거물

순번	증 거	소유자	제출 유무
1	부동산매매계약서	고소인	■ 접수시 제출 □ 수사 중 제출
2	내용증명서	고소인	■ 접수시 제출 □ 수사 중 제출
3			□ 접수시 제출 □ 수사 중 제출
4			□ 접수시 제출 □ 수사 중 제출
5			□ 접수시 제출 □ 수사 중 제출

4. 기타증거

추후 필요에 따라 제출하겠습니다.

(2) 고소장 - 특정경제범죄 사기죄 동업을 하자며 거짓말로 자금을 교부받아 도박자금으로 낭비하여 처벌을 요구하는 고소장

고 소 장

고 소 인 : ○ ○ ○

피고소인 : ○ ○ ○

의정부지방검찰청 검사장 귀중

고 소 장

1. 고소인

성명	○ ○ ○	주민등록번호	생략
주소	의정부시 ○○로 ○길 ○○, ○○○-○○○○호		
직업	생략	사무실 주 소	생략
전화	(휴대폰) 010 - 3467 - 0000		
대리인에 의한 고소	☐ 법정대리인 (성명 :　　, 　　연락처　　　　) ☐ 소송대리인 (성명 : 변호사,　연락처　　　　)		

2. 피고소인

성명	○ ○ ○	주민등록번호	생략
주소	무지		
직업	없음	사무실 주 소	없음
전화	(휴대폰) 010 - 5634 - 0000		
기타사항	고소인과의 관계 - 친·인척관계 없습니다.		

3. 고소취지

피고소인이 고소인을 속여 고소인으로부터 금 530,000,000원을 편취하여 고소하니 피고소인을 철저히 수사하여 법의 준엄함을 절실히 깨달을 수 있도록 위법사실을 수사하여 엄중히 처벌하여 주시기 바랍니다.

4. 범죄사실

(1) 적용법조

○ 특정경제범죄 가중처벌 등에 관한 법률 제3조 제1항은 형법 제347조(사기), 제350조(공갈), 제351조(제347조 및 제350조의 상습범에 한합니다), 제355조(횡령, 배임), 제356조(업무상의 횡령과 배임)의 죄를 범한 자는 그 범죄행위로 인하여 취득하거나 제3자로 하여금 취득하게 한 그 재물 또는 재산상 이익의 가액이 5억 원 이상인 때에는

1. 이득 액이 50억 원 이상인 때에는 무기 또는 5년 이상의 징역,

2. 이득 액이 5억 원 이상 50억 원 미만인 때에는 3년 이상의 유기징역에 처합니다.

(2) 당사자의 관계

○ 고소인과 피고소인은 아무런 친·인척관계가 없으며, 고소인은 주소지에서 개인 사업을 준비하고 있고, 피고소인은 일정한 주소지가 없고 인터넷도박이나 강원도 소재 모 카지노에서 도박을 일삼는 자입니다.

(3) 고소이유

가, 피고소인은 ○○○○. ○○. ○○. 고소인에게 문화 사업(오락프로그램)을 수입하여 판매하는 사업을 동업하자고 제의하여 고소인도 다른 사업을 하려고 때마침 물색 중에 있었기 때문에 순순히 수락한 사실이 있습니다.

나, 그런데 피고소인이 외국오락프로그램을 수입하여 흥행하면 필연적으로

많은 돈을 벌기 마련이니 "○○프로그램"을 수입하자고 하여 서로 간에 의견일치가 되었으나 피고소인은 자기 동생과 짜고 고소인의 돈을 편취할 것을 기도한 나머지 ○○○○. ○○. ○○. 고소인에게 위 오락프로그램을 수입한다 하더라도 "쿼터"가 있어야 되는데 다행하게도 ○○○○. ○○. ○○. 판매할 수 있는 "쿼터"를 ○○○에서 사놓았다, 당시 돈이 없어서 이자 돈을 얻어서 사놓았으니 그 돈을 빨리 갚아야 된다면서 피고소인은 고소인에게 금 300,000,000원을 내 놓으라고 하여 ○○○○. ○○. ○○. 금 300,000,000원을 경기도 의정부시 ○○로길 ○○, 소재 ○○커피숍에서 피고소인을 만나 지급하였습니다.

다, 피고소인은 오락프로그램을 수입하면 검열이 끝나야만 빨리 판매할 수 있다며 물품대금으로 금 200,000,000원을 더 달라고 하면서 통관하는데 들어가는 교제비 명목으로 금 30,000,000원을 포함하여 금 230,000,000원을 요구하여 고소인은 이를 믿고 ○○○○. ○○. ○○. 하는 수 없이 금 230,000,000원을 인천시 ○○구 ○○로 ○○, ○○커피숍에서 피고소인을 만나 지급하여 총 금 530,000,000원을 교부하였습니다.

라, 그러나 피고소인이 오락프로그램을 ○○○○. ○○. ○○.까지 가지고 와서 판매할 수 있다고 하였으나 ○○○○. ○○. ○○.이 경과되어 아무런 연락이 없어 이상하게 생각하고 고소인이 오락프로그램을 알아본 바, 현재까지도 아무런 수속도 밟지 않았고, 후에 알게 된 일이지만 고소인으로부터 위 돈을 2회에 걸쳐 총 금 530,000,000원을 교부받아 피고소인은 인터넷에서 도박자금으로 사용하였거나 강원도 태백시에 있는 모 카지노에서 탕진하였는가하고 유흥비에 모두 낭비하였습니다.

마, 피고소인이 오락프로그램을 수입한다는 것도 거짓말이고 오락프로그램을 수입하는 금액으로 2회에 걸쳐 교부받은 금 500,000,000원과 교제비로 30,000,000원을 교부받은 것은 인터넷에서 도박자금으로 사용하였거나 강원도 모 카지노에서 모두 유흥비로 낭비한 것이므로 피고소인을 사기죄로 고소하오니 엄벌에 처해 주시기 바랍니다.

바, 위 사실은 모두가 거짓으로 판명되었기에 앞으로 사회정화를 위하여 피고소인을 특정경제범죄 가중처벌 등에 관한 법률 제3조 제1항의 형법 제347조 제1항 사기죄로 고소하오니 법의 준엄함을 절실히 깨달을 수 있도록 엄히 처벌하여 주시기 바랍니다.

5. 증거자료

☐ 고소인은 고소인의 진술 외에 제출할 증거가 없습니다.
■ 고소인은 고소인의 진술 외에 제출할 증거가 있습니다.
☞ 제출할 증거의 세부내역은 별지를 작성하여 첨부합니다.

6. 관련사건의 수사 및 재판여부

① 중복 고소여부	본 고소장과 같은 내용의 고소장을 다른 검찰청 또는 경찰서에 제출하거나 제출하였던 사실이 있습니다 ☐ / 없습니다 ■
② 관련 형사사건 수사유무	본 고소장에 기재된 범죄사실과 관련된 사건 또는 공범에 대하여 검찰청이나 경찰서에서 수사 중에 있습니다 ☐ / 수사 중에 있지 않습니다 ■
③ 관련 민사소송 유무	본 고소장에 기재된 범죄사실과 관련된 사건에 대하여 법원에서 민사소송 중에 있습니다 ☐ / 민사소송 중에 있지 않습니다 ■

7.기타

본 고소장에 기재한 내용은 고소인이 알고 있는 지식과 경험을 바탕으로 모두 사실대로 작성하였으며, 만일 허위사실을 고소하였을 때에는 형법 제156조 무고죄로 처벌받을 것임을 아울러 서약합니다.

○○○○ 년 ○○ 월 ○○ 일

위 고소인 : ○ ○ ○   (인)

의정부지방검찰청 검사장 귀중

별지 : 증거자료 세부 목록
(범죄사실 입증을 위해 제출하려는 증거에 대하여 아래 각 증거별로 해당 난을 구체적으로 작성해 주시기 바랍니다)

1. 인적증거

성 명	○○○	주민등록번호	생략		
주 소	의정부시 ○○로 ○길 ○○, ○○○호			직업	상법
전 화	(휴대폰) 010 - 8730 - 0000				
입증하려는 내 용	위 ○○○은 고소인과 같이 오락프로그램을 통관을 위하여 피고소인에게 인천시 ○○구 ○○로 ○○, 커피숍에서 같이 만난 사실이 있어 이를 입증하고자 합니다.				

2. 증거서류

순번	증 거	작성자	제출 유무
1	수표 5매사본(5억 원)	고소인	■ 접수시 제출 □ 수사 중 제출
2	수표 1매(교제비 3천)	고소인	■ 접수시 제출 □ 수사 중 제출
3	문자메시지	고소인	■ 접수시 제출 □ 수사 중 제출
4	카카오 톡 메시지	고소인	■ 접수시 제출 □ 수사 중 제출
5	녹취서	고소인	■ 접수시 제출 □ 수사 중 제출

3. 증거물

순번	증 거	소유자	제출 유무
1	수표 사본	고소인	■ 접수시 제출 □ 수사 중 제출
2	녹취서	고소인	■ 접수시 제출 □ 수사 중 제출
3			□ 접수시 제출 □ 수사 중 제출
4			□ 접수시 제출 □ 수사 중 제출
5			□ 접수시 제출 □ 수사 중 제출

4. 기타증거

추후 필요에 따라 제출하겠습니다.

(3) 고소장 - 특정경제범죄 공갈죄 정교사실을 남편에게 알리겠다고 협박하여 갈취하였으므로 처벌요구 고소장 최신서식

고 소 장

고 소 인 : ○ ○ ○

피고소인 : ○ ○ ○

청주지방검찰청 검사장 귀중

고 소 장

1. 고소인

성명	○ ○ ○	주민등록번호	생략
주소	청주시 ○○구 ○○로 ○길 ○○, ○○○-○○○호		
직업	생략	사무실 주소	생략
전화	(휴대폰) 010 - 6745 - 0000		
대리인에 의한 고소	☐ 법정대리인 (성명 : , 연락처) ☐ 소송대리인 (성명 : 변호사, 연락처)		

2. 피고소인

성명	○ ○ ○	주민등록번호	생략
주소	청주시 ○○구 ○○로 ○번길 ○○, ○○○-○○○호		
직업	무직	사무실 주소	생략
전화	(휴대폰) 010 - 3678 - 0000		
기타사항	고소인과의 관계 - 친·인척관계 없습니다.		

3. 고소취지

피고소인이 고소인을 공갈하여 고소인으로부터 금 550,000,000원을 교부받아 이를 편취하였으므로 아래와 같이 고소하니 피고소인을 철저히 수사하여 법의 준엄함을 깨달을 수 있도록 위법사실을 수사하여 엄중히 처벌하여 주시기 바랍니다.

4. 범죄사실

(1) 적용법조

○ 특정경제범죄 가중처벌 등에 관한 법률 제3조 제1항은 형법 제350조(공갈),의 죄를 범한 자는 그 범죄행위로 인하여 취득하거나 제3자로 하여금 취득하게 한 그 재물 또는 재산상 이익의 가액이 5억 원 이상인 때에는

1. 이득 액이 50억 원 이상인 때에는 무기 또는 5년 이상의 징역,

2. 이득 액이 5억 원 이상 50억 원 미만인 때에는 3년 이상의 유기징역에 처합니다.

(2) 당사자의 관계

○ 고소인은 주소지에 거주하는 주부이고, 피고소인은 일정한 직업도 없이 전직 경찰공무원이라고 행세하고 다니는 자입니다.

(3) 고소이유

가, 피고소인은 아래와 같은 방법으로 고소인으로부터 금 550,000,000원을 공갈하여 갈취한 사실이 있습니다.

나, 피고소인과 고소인은 ○○○○. ○○. ○○. 경기도 평택시 ○○로 ○○○, 소재에 있는 ○○이라는 상호의 '콜라텍'에서 우연히 손님으로 갔다가 만나 알게 되어 정교관계를 맺은 사실이 있었습니다.

다, 고소인에게 피고소인이 휴대전화번호를 물어보는 바람에 술에- 취한 생

태에서 아무런 생각도 없이 피고소인에게 고소인의 휴대전화를 불러준 사실이 있는데 ○○○○. ○○. ○○. 고소인에게 전화가 와서 경기도 수원시 팔달구에 있는 ○○○상호의 '갈비 집'으로 나오라고 해서 약속한 ○○○ 갈비 집으로 갔습니다.

라, 고소인을 만난 피고소인이 평택시 ○○로 ○○, 소재 미군부대 앞 쪽에서 땅을 매입하여 고급빌라를 12세대 건축하고 있는데 공사자금이 필요하다며 금 300,000,000원을 빌려달라고 해서 고소인은 가정주부로 그렇게 큰돈을 빌려줄 형편이 안 된다고 거절하자 피고소인은 고소인에게 '만일 금 300,000,000원을 빌려주지 않으면 남편에게 정교 사실을 알려버리겠다'는 말로 협박을 하였습니다.

마, 이에 고소인은 남편에게 정교 사실을 알리게 되면 가정이 파탄난다는 생각 때문에 겁을 먹고 어쩔 수 없이 고소인이 그 동안 남편 몰래 모아둔 금 230,000,000원과 친구들에게 금 70,000,000원을 빌려 ○○○○. ○○. ○○. 합계 금 300,000,000원을 피고소인에게 교부한 사실이 있습니다.

바, 그 후 피고소인은 ○○○○. ○○. ○○. 평택시 ○○로 ○○, 소소재 '○○해물탕' 집으로 나오라고 해서 나갔는데 피고소인이 짓고 있는 고급빌라를 다 지어가는 데 준공검사를 받으려면 공사비가 더 필요하다며 금 300,000,000원을 빌려달라고 해서 고소인으로서는 먹고 죽으려고 해도 돈이 없다며 완강히 거절하였는데 피고소인이 돈을 300,000,000원을 빌려주지 않으면 정교 사실도 남편에게 알리고 돈도 300,000,000원을 사업에 보태 쓰라고 준 사실을 알리겠다고 협박을 하였습니다.

사, 고소인은 겁을 먹고 어쩔 수 없이 고소인의 이름으로 남편이 매입한 땅을 신한은행에서 ○○○○. ○○. ○○. 금 250,000,000원을 대출받아 ○○○○. ○○. ○○. 평택시 ○○로길 ○○, ○○빌딩 ○○커피숍에서 피고소인을 만나 금 250,000,000원을 합계 2회에 걸쳐 금 550,000,000원을 교부한 사실이 있으므로 이에 피고소인을 고소하기에 이른 것입니다.

아, 이에 고소인은 피고소인을 특정경제범죄 가중처벌 등에 관한 법률 제3조 제1항 형법 제350조(공갈),에 의하여 고소하게 된 것이오니 피고소인을 철저히 수사하여 엄벌에 처하여 주시기 바랍니다.

5.증거자료

☐ 고소인은 고소인의 진술 외에 제출할 증거가 없습니다.
■ 고소인은 고소인의 진술 외에 제출할 증거가 있습니다.
☞ 제출할 증거의 세부내역은 별지를 작성하여 첨부합니다.

6.관련사건의 수사 및 재판여부

① 중복 고소여부	본 고소장과 같은 내용의 고소장을 다른 검찰청 또는 경찰서에 제출하거나 제출하였던 사실이 있습니다 ☐ / 없습니다 ■
② 관련 형사사건 수사유무	본 고소장에 기재된 범죄사실과 관련된 사건 또는 공범에 대하여 검찰청이나 경찰서에서 수사 중에 있습니다 ☐ / 수사 중에 있지 않습니다 ■
③ 관련 민사소송 유무	본 고소장에 기재된 범죄사실과 관련된 사건에 대하여 법원에서 민사소송 중에 있습니다 ☐ / 민사소송 중에 있지 않습니다 ■

7.기타

　본 고소장에 기재한 내용은 고소인이 알고 있는 지식과 경험을 바탕으로 모두 사실대로 작성하였으며, 만일 허위사실을 고소하였을 때에는 형법 제156조 무고죄로 처벌받을 것임을 아울러 서약합니다.

○○○○ 년 ○○ 월 ○○ 일

위 고소인 : ○　○　○　　(인)

청주지방검찰청 검사장 귀중

별지 : 증거자료 세부 목록
(범죄사실 입증을 위해 제출하려는 증거에 대하여 아래 각 증거별로 해당 난을 구체적으로 작성해 주시기 바랍니다)

1. 인적증거

성 명	○○○	주민등록번호	생략		
주 소	청주시 ○○구 ○○로 ○길 ○○, ○○○호			직업	주부
전 화	(휴대폰) 010 - 3456 - 0000				
입증하려는 내 용	위 ○○○은 고소인이 콜라텍에서 피고소인을 만났을 때 같이 동행하여 피고소인이 돈을 요구하고 고급빌라를 짓는 공사비를 빌려달라고 한 사실을 입증하고자 합니다.				

2. 증거서류

순번	증 거	작성자	제출 유무
1	수표 사본(3억 원)	고소인	■ 접수시 제출　□ 수사 중 제출
2	수표 사본(2.5억 원)	고소인	■ 접수시 제출　□ 수사 중 제출
3	분양계약서	고소인	■ 접수시 제출　□ 수사 중 제출
4			□ 접수시 제출　□ 수사 중 제출
5			□ 접수시 제출　□ 수사 중 제출

3. 증거물

순번	증 거	소유자	제출 유무
1	수표 사본	고소인	■ 접수시 제출 □ 수사 중 제출
2	분양계약서	고소인	■ 접수시 제출 □ 수사 중 제출
3			□ 접수시 제출 □ 수사 중 제출
4			□ 접수시 제출 □ 수사 중 제출
5			□ 접수시 제출 □ 수사 중 제출

4. 기타증거

추후 필요에 따라 제출하겠습니다.

(4) 고소장 - 특정경제범죄 공갈죄 노래방에서 만나 성교한 것을 가족에게 알리겠다고 공갈하여 금품을 갈취하여 처벌요구 고소장

고 소 장

고 소 인 : ○ ○ ○

피고소인 : ○ ○ ○

수원지방검찰청 검사장 귀중

고 소 장

1. 고소인

성명	○ ○ ○	주민등록번호	생략
주소	수원시 ○○구 ○○로 ○길 ○○, ○○○-○○○호		
직업	생략	사무실 주소	생략
전화	(휴대폰) 010 - 8845 - 0000		
대리인에 의한 고소	☐ 법정대리인 (성명 : , 연락처) ☐ 소송대리인 (성명 : 변호사, 연락처)		

2. 피고소인

성명	○ ○ ○	주민등록번호	생략
주소	무지		
직업	무직	사무실 주소	무직
전화	(휴대폰) 010 - 1678 - 0000		
기타사항	고소인과의 관계 - 친·인척관계 없습니다.		

3. 고소취지

　　피고소인이 고소인을 공갈하여 고소인으로부터 총 5회에 걸쳐 금 620,000,0 00원을 교부받아 이를 편취하였으므로 아래와 같이 고소하니 피고소인을 철저히 수사하여 법의 준엄함을 절실히 깨달을 수 있도록 위법사실을 수사하여 엄중히 처벌하여 주시기 바랍니다.

4. 범죄사실

　(1) 적용법조

　　○ 특정경제범죄 가중처벌 등에 관한 법률 제3조 제1항은 형법 제350조(공갈),의 죄를 범한 자는 그 범죄행위로 인하여 취득하거나 제3자로 하여금 취득하게 한 그 재물 또는 재산상 이익의 가액이 5억 원 이상인 때에는

　　　1. 이득 액이 50억 원 이상인 때에는 무기 또는 5년 이상의 징역,

　　　2. 이득 액이 5억 원 이상 50억 원 미만인 때에는 3년 이상의 유기징역에 처합니다.

　(2) 당사자의 관계

　　　○ 고소인은 주소지에 ○○대리점이라는 상호로 전자제품을 판매하는 개인사업자이고, 피고소인은 일정한 직업도 없이 수원시 ○○구 ○○로 ○○○, 소재 ○○빌딩에 있는 ○○노래방의 도우미로 종사하던 자입니다.

　(3) 고소이유

　　가, 피고소인은 경기도 수원시 ○○구 ○○로길 ○○○, 소재의 ○○노래방 도우미로서, ○○○○. ○○. ○○. 그곳을 찾아온 손님인 고소인으로부터 ○○만원을 받고 성관계를 하였던 사실을 이용하여 고소인을 공갈하여 돈을 교부받기로 마음먹었습니다.

　　나, 피고소인은 ○○○○. ○○. ○○. ○○:○○경 불상의 장소에서 고소인에

게 전화하여 "네가 나를 강간했지, 너 이런 거 가정에 알려지면 어떻게 되는지 알고는 있느냐, 내가 찾아가서 다 뒤 집어 엎어 놓겠다, 나는 충청남도 ○○경찰서장 선배의 딸이다, 너 가정부터 시작해서 모든 것이 파탄난다, 우선 만나서 이야기를 하는데 돈을 준비해서 오라"라고 겁을 주었습니다.

다, 피고소인은 이에 겁을 먹은 고소인을 같은 ○○○○. ○○. ○○.경 경이도 화성시 ○○대로 ○○○, 소재 ○○커피숍에서 만나 고소인으로부터 1,000만원을 교부받았습니다.

라, 계속하여 피고소인은 고소인에게 "검찰청에 근무한 법무사를 아는 오빠가 있는데 그분하고 상의를 해보겠다, 우선 집에 가지 말고 기다려라"라고 말한 후, 고소인이 장사하는 점포에서 피고소인의 연락을 기다리던 고소인에게 전화하여 "아는 선배와 함께 있는데 수원시 ○○구에 있는 ○○갈비로 ○○:○○까지 와라"라고 말하고 같은 날 ○○:○○경 ○○구에 있는 ○○갈비 집에서 고소인을 만나, 고소인에게 미리 작성한 합의이행각서를 보여주며 "읽어보고 똑같이 자필로 적어라, 내가 아는 오빠가 건달인데 그 오빠를 시켜 너희 와이프와 딸아이를 강간시키면 좋겠느냐, 지금 얼마를 가지고 있나"라고 겁을 주는 바람에 고소인은 이에 겁을 먹고 피고소인에게 그 자리에서 1,000만원을 교부했습니다.

마, 피고소인은 계속해서 ○○○○. ○○. ○○. ○○:○○경 다시 고소인에게 전화하여 "○○○○. ○○. ○○.까지 1억 원부터 준비해라, 1억 원을 준비하지 않으면 장사하는 점포에 가서 엎어버리고 너의 집에 알리겠다."라고 겁을 주는 바람에 고소인은 이에 겁을 먹고 ○○○○. ○○. ○○. ○○:○○경 경기도 수원시 팔달구 ○○○원신용협동조합에서 대출을 받아 금 1억 원을 수원시 ○○구 ○○로 ○○, 소재 스타벅스에서 피고소인을 만나 금 1억 원을 교부받아 편취하였습니다.

바, 피고소인은 ○○○○. ○○. ○○. ○○:○○경 고소인에게 전화하여 경기도 수원시 장안구 ○○로 ○○, ○○참치 집으로 오라고 하여 고소인의 딸아이의 결혼식 청첩장을 들고 내보이면서 ○○○○. ○○. ○○. 결혼식 전까지 3억 원을 주지 않으면 신랑 집으로 가서 성관계를 한 사실을 다 까발리겠다고 공갈을 하여 이에 겁을 먹고 고소인은 경기도 성남시 ○○구 ○○로 ○○○, 소재 ○○○.○○㎡의 부동산을 ○○은행에 근저당권을 설정하고 돈 3억 원을 빌려 ○○○○. ○○. ○○. 경기도 화성시 ○○로길 ○○, ○○커피숍에서 피고소인을 만나 교부하였습니다.

사, ○○○○. ○○. ○○. ○○:○○경 피고소인은 고소인에게 전화하여 딸아이의 결혼식은 잘 마쳤느냐. 신혼집이 어딘지 다 알아봤다며 이제 마지막으로 만나자고 해서 경기도 성남시 ○○구 ○○로 ○○○,소재 ○○식당으로 오라고 해서 또 딸아이와 시집에 알릴까봐 거절하지 못하고 약속장소로 나갔는데 피고소인이 경기도 화성시 ○○로 ○○○,에서 커피숍을 차리려고 하는데 보증금과 인테리어공사비로 금 2억 원을 주지 않으면 이판사판이라며 딸아이의 시집 장모와 아는 사이라며 다 까발리겠다고 겁박을 하여 고소인은 이에 겁을 먹고 시집가서 잘 살고 있는데 장모에게 불륜관계를 알리게 되면 큰일나겠다는 생각으로 고소인이 장사하여 원자재 값으로 가지고 있던 돈 8천만 원과 성남시 분당구 ○○로 ○○○, 소재 땅에 추가 근저당권을 설정하고 금 1억 2천만 원을 대출받아 금 2억 원을 ○○○○. ○○. ○○.경기도 수원시 장안구 ○○로길 ○○, ○○커피숍에서 피고소인을 만나 2억 원을 교부받아 총 5회에 걸쳐 금 620,000,000원을 공갈하여 편취하였습니다.

아, 결어
  ○ 고소인은 위와 같이 피고소인은 형법 제355조 공갈죄로 고소하오니 피고소인을 철저히 수사하여 다시는 고소인과 같은 피해자가 발생하지 않도록 피고소인을 의법 엄단하여 주시기 바랍니다.

5. 증거자료

  □ 고소인은 고소인의 진술 외에 제출할 증거가 없습니다.

  ■ 고소인은 고소인의 진술 외에 제출할 증거가 있습니다.

  ☞ 제출할 증거의 세부내역은 별지를 작성하여 첨부합니다.

6. 관련사건의 수사 및 재판여부

① 중복 고소여부	본 고소장과 같은 내용의 고소장을 다른 검찰청 또는 경찰서에 제출하거나 제출하였던 사실이 있습니다 □ / 없습니다 ■
② 관련 형사사건 수사유무	본 고소장에 기재된 범죄사실과 관련된 사건 또는 공범에 대하여 검찰청이나 경찰서에서 수사 중에 있습니다 □ / 수사 중에 있지 않습니다 ■
③ 관련 민사소송 유무	본 고소장에 기재된 범죄사실과 관련된 사건에 대하여 법원에서 민사소송 중에 있습니다 □ / 민사소송 중에 있지 않습니다 ■

7. 기타

  본 고소장에 기재한 내용은 고소인이 알고 있는 지식과 경험을 바탕으로 모두 사실대로 작성하였으며, 만일 허위사실을 고소하였을 때에는 형법 제156조 무고죄로 처벌받을 것임을 아울러 서약합니다.

○○○○ 년 ○○ 월 ○○ 일

위 고소인 : ○ ○ ○   (인)

수원지방검찰청 검사장 귀중

별지 : 증거자료 세부 목록
(범죄사실 입증을 위해 제출하려는 증거에 대하여 아래 각 증거별로 해당 난을 구체적으로 작성해 주시기 바랍니다)

1. 인적증거

성 명	○ ○ ○	주민등록번호	생략		
주 소	수원시 ○○구 ○○로 ○길 ○○, ○○○호			직업	지인
전 화	(휴대폰) 010 - 3456 - 0000				
입증하려는 내 용	위 ○○○은 고소인이 노래방에서 피고소인을 만났을 때 같이 동행하여 피고소인이 돈을 요구한 사실을 잘 알고 있어 이를 입증하고자 합니다.				

2. 증거서류

순번	증 거	작성자	제출 유무
1	수표 사본(2억 원)	고소인	■ 접수시 제출 □ 수사 중 제출
2	근저당권설정내역	고소인	■ 접수시 제출 □ 수사 중 제출
3	문자내역	고소인	■ 접수시 제출 □ 수사 중 제출
4		고소인	□ 접수시 제출 □ 수사 중 제출
5		고소인	□ 접수시 제출 □ 수사 중 제출

3. 증거물

순번	증 거	소유자	제출 유무
1	수표 사본	고소인	■ 접수시 제출 □ 수사 중 제출
2	문자내역서	고소인	■ 접수시 제출 □ 수사 중 제출
3			□ 접수시 제출 □ 수사 중 제출
4			□ 접수시 제출 □ 수사 중 제출
5			□ 접수시 제출 □ 수사 중 제출

4. 기타증거

추후 필요에 따라 제출하겠습니다.

(5) 고소장 - 특정경제범죄 업무상횡령 회사의 수금직원이 회사를 위하여 수금한 돈을 보관하던 중 횡령하여 처벌하는 고소장 최신서식

고 소 장

고 소 인 : ○ ○ ○

피고소인 : ○ ○ ○

인천지방검찰청 검사장 귀중

고 소 장

1. 고소인

성명	○ ○ ○	주민등록번호	생략
주소	인천시 ○○구 ○○로 ○길 ○○, ○○○-○○○호		
직업	생략	사무실 주 소	생략
전화	(휴대폰) 010 - 9812 - 0000		
대리인에 의한 고소	☐ 법정대리인 (성명 : , 연락처) ☐ 소송대리인 (성명 : 변호사, 연락처)		

2. 피고소인

성명	○ ○ ○	주민등록번호	생략
주소	인천시 연수구 ○○로 ○번길 ○○, ○○○-○○○호		
직업	무직	사무실 주 소	무직
전화	(휴대폰) 010 - 2789 - 0000		
기타사항	고소인과의 관계 - 친·인척관계 없습니다.		

3. 고소취지

고소인은 피고소인을 특정경제범죄 가중처벌 등에 관한 법률 제3조 제1항 형법 제356조 제1항 업무상횡령죄로 고소하오니 피고소인을 철저히 수사하여 법의 준엄함을 절실히 깨달을 수 있도록 위법사실을 수사하여 엄중히 처벌하여 주시기 바랍니다.

4. 범죄사실

(1) 적용법조

○ 특정경제범죄 가중처벌 등에 관한 법률 제3조 제1항은 형법 제356조제1항(업무상횡령),의 죄를 범한 자는 그 범죄행위로 인하여 취득하거나 제3자로 하여금 취득하게 한 그 재물 또는 재산상 이익의 가액이 5억 원 이상인 때에는

1. 이득 액이 50억 원 이상인 때에는 무기 또는 5년 이상의 징역,

2. 이득 액이 5억 원 이상 50억 원 미만인 때에는 3년 이상의 유기징역에 처합니다.

(2) 당사자의 관계

○ 고소인은 주소지에서 ○○알루미늄이라는 상호로 알루미늄을 제조 생산하는 사업자이고, 피고소인은 ○○○○. ○○. ○○.부터 ○○○○. ○○. ○○.까지 고소인의 위 회사에게 알루미늄새시판매 및 영업사원으로 근무하면서 알루미늄판매대금의 수금 업무에 종사하여 오던 자입니다.

(3) 고소이유

가, 피고소인은 아래와 같은 방법으로 고소인의 위 회사에서 제조 생산한 알루미늄새시를 ○○○○. ○○. ○○. 충청남도 서산시 ○○로○○.소재 ○○건설현장에 금 270,000,000원 상당을 공급하여 판매한 대금을 수령하여 원고의 위 회사를 위하여 보관하고 있던 중 피고소인이 사귀던 내연녀에 대한 위자료 등으로 피고소인이 임의대로 지급하여 횡령하였습니다.

나, 피고소인은 고소인의 위 회사에서 제조 생산한 알루미늄새시를 ○○○○.

○○. ○○. 경상남도 거제시 ○○로 ○○.소재 ○○알루미늄새시대리점에 금 130,000,000원 상당에 공급하여 판매한 대금을 ○○○○. ○○, ○○.위 ○○알루미늄새시대리점에서 수금하여 원고의 위 회사를 위하여 보관하던 중 피고소인이 임의대로 증권에 투자하여 횡령하였습니다.

다, ○○○○. ○○. ○○. 원고의 위 회사에서 제조 생산한 알루미늄새시를 전라남도 나주시 ○○로길 ○○○, 소재 ○○아파트신축공사장에 금 200,000,000원에 판매 공급하고 금 200,000,000원을 수금하여 원고의 위 회사를 위하여 보관하던 중 인터넷 도박에서 임의대로 탕진하여 이를 횡령하였으므로 이 사건 고소에 이른 것이오니 피고소인을 철저히 수사하여 엄벌에 처하여 주시기 바랍니다.

라, 이에 고소인은 피고소인을 특정경제범죄 가중처벌 등에 관한 법률 제3조 제1항 형법 제356조 제1항(업무상횡령),에 의하여 고소하게 된 것이오니 피고소인을 철저히 수사하여 엄벌에 처하여 주시기 바랍니다.

5. 증거자료

□ 고소인은 고소인의 진술 외에 제출할 증거가 없습니다.
■ 고소인은 고소인의 진술 외에 제출할 증거가 있습니다.
☞ 제출할 증거의 세부내역은 별지를 작성하여 첨부합니다.

6. 관련사건의 수사 및 재판여부

① 중복 고소여부	본 고소장과 같은 내용의 고소장을 다른 검찰청 또는 경찰서에 제출하거나 제출하였던 사실이 있습니다 □ / 없습니다 ■
② 관련 형사사건 수사유무	본 고소장에 기재된 범죄사실과 관련된 사건 또는 공범에 대하여 검찰청이나 경찰서에서 수사 중에 있습니다 □ / 수사 중에 있지 않습니다 ■
③ 관련 민사소송 유무	본 고소장에 기재된 범죄사실과 관련된 사건에 대하여 법원에서 민사소송 중에 있습니다 □ / 민사소송 중에 있지 않습니다 ■

7.기타

　본 고소장에 기재한 내용은 고소인이 알고 있는 지식과 경험을 바탕으로 모두 사실대로 작성하였으며, 만일 허위사실을 고소하였을 때에는 형법 제156조 무고죄로 처벌받을 것임을 아울러 서약합니다.

○○○○ 년 ○○ 월 ○○ 일

위 고소인 : ○　○　○　　　(인)

인천지방검찰청 검사장 귀중

별지 : 증거자료 세부 목록
 (범죄사실 입증을 위해 제출하려는 증거에 대하여 아래 각 증거별로 해당 난을 구체적으로 작성해 주시기 바랍니다)

1. 인적증거

성 명	○○○	주민등록번호	생략		
주 소	인천시 ○○구 ○○로 ○길 ○○, ○○○호			직업	회사원
전 화	(휴대폰) 010 - 3456 - 0000				
입증하려는 내 용	위 ○○○은 고소인이 회사에서 경리업무를 담당하는 직원으로 피고소인이 거래처로부터 수금한 돈을 회사에 입금하지 않고 임의대로 횡령한 사실을 입증하고자 합니다.				

2. 증거서류

순번	증 거	작성자	제출 유무
1	거래처별 횡령내역	고소인	■ 접수시 제출 □ 수사 중 제출
2	자술서	피고소인	■ 접수시 제출 □ 수사 중 제출
3	거래처의 수금내역	고소인	■ 접수시 제출 □ 수사 중 제출
4			□ 접수시 제출 □ 수사 중 제출
5			□ 접수시 제출 □ 수사 중 제출

3. 증거물

순번	증 거	소유자	제출 유무
1	거래처의 수금내역	고소인	■ 접수시 제출 □ 수사 중 제출
2	자술서	피고소인	■ 접수시 제출 □ 수사 중 제출
3			□ 접수시 제출 □ 수사 중 제출
4			□ 접수시 제출 □ 수사 중 제출
5			□ 접수시 제출 □ 수사 중 제출

4. 기타증거

추후 필요에 따라 제출하겠습니다.

(6) 고소장 - 특정경제범죄 업무상횡령죄 분양대금을 교부받아 보관하던 중 임의대로 사용하여 처벌요구 고소장

고 소 장

고 소 인 : ○ ○ ○

피고소인 : ○ ○ ○

부산지방검찰청 동부지청장 귀중

고 소 장

1. 고소인

성명	○ ○ ○	주민등록번호	생략
주소	부산시 해운대구 ○○로 ○길 ○○, ○○○-○○○호		
직업	생략	사무실 주 소	생략
전화	(휴대폰) 010 - 2375 - 0000		
대리인에 의한 고소	☐ 법정대리인 (성명 : , 연락처) ☐ 소송대리인 (성명 : 변호사, 연락처)		

2. 피고소인

성명	○ ○ ○	주민등록번호	생략
주소	부산시 ○○구 ○○로 ○번길 ○○, ○○○-○○○호		
직업	무직	사무실 주 소	무직
전화	(휴대폰) 010 - 5689 - 0000		
기타사항	고소인과의 관계 - 친·인척관계 없습니다.		

3. 고소취지

고소인은 피고소인을 특정경제범죄 가중처벌 등에 관한 법률 제3조 제1항 형법 제356조 제1항 업무상횡령죄로 고소하오니 피고소인을 철저히 수사하여 법의 준엄함을 절실히 깨달을 수 있도록 위법사실을 수사하여 엄중히 처벌하여 주시기 바랍니다.

4. 범죄사실

(1) 적용법조

○ 특정경제범죄 가중처벌 등에 관한 법률 제3조 제1항은 형법 제356조제1항(업무상횡령),의 죄를 범한 자는 그 범죄행위로 인하여 취득하거나 제3자로 하여금 취득하게 한 그 재물 또는 재산상 이익의 가액이 5억 원 이상인 때에는

1. 이득 액이 50억 원 이상인 때에는 무기 또는 5년 이상의 징역,

2. 이득 액이 5억 원 이상 50억 원 미만인 때에는 3년 이상의 유기징역에 처합니다.

(2) 당사자의 관계

○ 고소인은 주소지에서 ○○디앤씨라는 상호로 분양업을 주업으로 하는 부동산개발사업자이고, 피고소인은 ○○○○. ○○. ○○.부터 ○○○○. ○○. ○○.까지 고소인의 위 분양회사의 분양대행 업을 하여 오던 자입니다.

(3) 고소이유

가, 피고소인은 아래와 같은 방법으로 고소인의 위 분양회사에 입금하여야 할 분양대금을 부산시 해운대구 ○○로 ○○, ○○아파트 ○○○동○○○호에 사는 고소 외 ○○○이 위 분양회사에 입금할 금 370,000,000원을 교부받아 위 분양회사를 위하여 보관하던 중 부산시 ○○구 ○○에서 도박자금으로 임의대로 사용하여 횡령하였습니다.

나, 피고소인은 고소인의 위 분양회사에 입금하여야 할 분양대금 금 28

0,000,000원을 부산시 동래구 ○○로길 ○○, ○○○, 고소 외 ○○○에게 위 분양회사를 위하여 교부받아 보관하던 중 ○○증권에 이의대로 사용하여 횡령하였습니다.

다, 피고소인은 고소인의 위 분양회사가 부산시 ○○구 ○○로 ○○○, 소재 고소 외 ○○○에게 지급받을 분양대금 금 210,000,000원을 ○○○○. ○○. ○○.교부받아 위 분양회사를 위하여 보관하던 중 피고소인이 거주하는 오피스텔을 매입하는 대금으로 임의 사용하여 횡령하였습니다.

라, 피고소인은 고소인의 위 분양회사를 위하여 분양대금으로 ○○○○. ○○. ○○. 고소 외 ○○○으로부터 금 370,000,000원을 ○○○○. ○○. ○○. 고소 외 ○○○으로부터 금 280,000,000원을 ○○○○. ○○, ○○, 고소 외 ○○○으로부터 금 210,000,000원을 도합계 3회에 걸쳐 총 금 860,000,000원을 교부받아 이를 교부받아 봉관하던 중 임의대로 사용하여 횡령하였으므로 이 사건 고소에 이른 것입니다.

마, 이에 고소인은 피고소인을 특정경제범죄 가중처벌 등에 관한 법률 제3조 제1항 형법 제356조 제1항(업무상횡령),에 의하여 고소하게 된 것이오니 피고소인을 철저히 수사하여 엄벌에 처하여 주시기 바랍니다.

5. 증거자료

☐ 고소인은 고소인의 진술 외에 제출할 증거가 없습니다.
■ 고소인은 고소인의 진술 외에 제출할 증거가 있습니다.
☞ 제출할 증거의 세부내역은 별지를 작성하여 첨부합니다.

6. 관련사건의 수사 및 재판여부

① 중복 고소여부	본 고소장과 같은 내용의 고소장을 다른 검찰청 또는 경찰서에 제출하거나 제출하였던 사실이 있습니다 □ / 없습니다 ■
② 관련 형사사건 수사유무	본 고소장에 기재된 범죄사실과 관련된 사건 또는 공범에 대하여 검찰청이나 경찰서에서 수사 중에 있습니다 □ / 수사 중에 있지 않습니다 ■
③ 관련 민사소송 유무	본 고소장에 기재된 범죄사실과 관련된 사건에 대하여 법원에서 민사소송 중에 있습니다 □ / 민사소송 중에 있지 않습니다 ■

7. 기타

본 고소장에 기재한 내용은 고소인이 알고 있는 지식과 경험을 바탕으로 모두 사실대로 작성하였으며, 만일 허위사실을 고소하였을 때에는 형법 제156조 무고죄로 처벌받을 것임을 아울러 서약합니다.

○○○○ 년 ○○ 월 ○○ 일

위 고소인 : ○ ○ ○   (인)

부산지방검찰청 동부지청장 귀중

별지 : 증거자료 세부 목록

    (범죄사실 입증을 위해 제출하려는 증거에 대하여 아래 각 증거별로 해당 난을 구체적으로 작성해 주시기 바랍니다)

1. 인적증거

성 명	○ ○ ○	주민등록번호	생략		
주 소	부산시 ○○구 ○○로 ○길 ○○, ○○○호			직업	회사원
전 화	(휴대폰) 010 - 8765 - 0000				
입증하려는 내 용	위 ○○○은 고소인이 회사에서 경리업무를 담당하는 직원으로 피고소인이 수분양자로부터 교부받은 돈을 회사에 입금하지 않고 임의대로 횡령한 사실을 입증하고자 합니다.				

2. 증거서류

순번	증 거	작성자	제출 유무
1	수분양자별 횡령내역	고소인	■ 접수시 제출 □ 수사 중 제출
2	자술서	피고소인	■ 접수시 제출 □ 수사 중 제출
3	분양계약금 납입내역	고소인	■ 접수시 제출 □ 수사 중 제출
4			□ 접수시 제출 □ 수사 중 제출
5			□ 접수시 제출 □ 수사 중 제출

3. 증거물

순번	증 거	소유자	제출 유무
1	분양계약금 납입내역	고소인	■ 접수시 제출 □ 수사 중 제출
2	자술서	피고소인	■ 접수시 제출 □ 수사 중 제출
3			□ 접수시 제출 □ 수사 중 제출
4			□ 접수시 제출 □ 수사 중 제출
5			□ 접수시 제출 □ 수사 중 제출

4. 기타증거

추후 필요에 따라 제출하겠습니다.

(7) 고소장 - 특정경제범죄 횡령죄 매매중도금을 보관하던 중 횡령하여 개인용도로
사용 처벌요구 고소장 최신서식

고 소 장

고 소 인 : ○ ○ ○

피고소인 : ○ ○ ○

수원지방검찰청 검사장 귀중

고 소 장

1. 고소인

성명	○ ○ ○	주민등록번호	생략
주소	수원시 ○○구 ○○로 ○길 ○○, ○○○-○○○호		
직업	생략	사무실 주소	생략
전화	(휴대폰) 010 - 9812 - 0000		
대리인에 의한 고소	☐ 법정대리인 (성명 : , 연락처) ☐ 소송대리인 (성명 : 변호사, 연락처)		

2. 피고소인

성명	○ ○ ○	주민등록번호	생략
주소	수원시 ○○구 ○○로 ○번길 ○○, ○○○-○○○호		
직업	중개업	사무실 주소	생략
전화	(휴대폰) 010 - 2789 - 0000		
기타사항	고소인과의 관계 - 친·인척관계 없습니다.		

3. 고소취지

고소인은 피고소인을 특정경제범죄 가중처벌 등에 관한 법률 제3조 제1항 형법 제355조 제1항 횡령죄로 고소하오니 피고소인을 철저히 수사하여 법의 준엄함을 절실히 깨달을 수 있도록 위법사실을 수사하여 엄중히 처벌하여 주시기 바랍니다.

4. 범죄사실

(1) 적용법조

○ 특정경제범죄 가중처벌 등에 관한 법률 제3조 제1항은 형법 제355조제1항(횡령),의 죄를 범한 자는 그 범죄행위로 인하여 취득하거나 제3자로 하여금 취득하게 한 그 재물 또는 재산상 이익의 가액이 5억 원 이상인 때에는

1. 이득 액이 50억 원 이상인 때에는 무기 또는 5년 이상의 징역,

2. 이득 액이 5억 원 이상 50억 원 미만인 때에는 3년 이상의 유기징역에 처합니다.

(2) 당사자의 관계

○ 고소인은 주소지에서 개인 사업을 하고 있고, 피고소인은 경기도 수원시 ○○로 ○○길 ○○, 소재에서 주식회사 ○○부동산이라는 상호로 중개법인을 운영하는 자입니다.

(3) 고소이유

가, 피고소인은 ○○○○. ○○. ○○. 자신이 운영하는 경기도 수원시 ○○로 ○○길 ○○, 소재에서 주식회사 ○○부동산 사무실에서 고소인이 피고소인의 소개로 매입한 수원시 ○○구 ○○로 ○○, ○○아파트 ○○○동 ○○○호 172,092㎡에 대한 ○○○○. ○○. ○○.자 1차 중도금 금 200,000,000원, ○○○○. ○○. ○○. 2차 중도금 금 340,000,000원을 합계 금 540,000,000원을 고소인으로부터 건네받아 보관하던 중 다

음 날 ○○○○. ○○. ○○. ○○증권이나 인터넷 도박에서 임의대로 사용하여 횡령하였습니다.

나, 고소인은 평소에 알고 지내는 피고소인의 중개로 경기도 수원시 ○○구 ○○로 ○○, ○○아파트 ○○○동 ○○○호 172.092㎡에 대하여 매매계약을 체결하면서 중도금 1차 지급기일(○○○○. ○○. ○○.)에 이르러 금 200,000,000원을 자신에게 주면 직접 피고소인이 매도인에게 교부하고 영수증을 교부하겠다고 해서 이를 믿고 1차중도금 금 200,000,000원을 별지 첨부한 증제1호증 수표사본과 같이 ○○○○. ○○. ○○.지급하였고 2차중도금 금 340,000,000원도 ○○○○. ○○. ○○.에 같은 방법으로 피고소인에게 교부(별지 첨부한 증제2호증 수표 사본)하였습니다.

다, 피고소인은 매도자에게 1차중도금으로 금 200,000,000원과 2차중도금으로 금 340,000,000원을 포함하여 총 540,000,000원을 모두 송금하였는데 영수증은 잔금지급기일(○○○○. ○○. ○○.)에 만나서 그때 같이 받기로 하였다고 하여 고소인은 그렇게 믿고 있었습니다.

라, 그런데 ○○○○. ○○. ○○.잔금지급기일을 몇일 앞두고 매도자 고소외 ○○○이 고소인에게 전화가 와서 중도금 1차 200,000,000원과 중도금 2차 340,000,000원 도 합계 금 540,000,000원을 지급하지 않아 계약금 금 100,000,000원을 위약금으로 몰수하고 이 사건 매매계약을 해제하겠다는 연락이 와서 고소인은 피고소인에게 찾아가 항의를 하자 매도자가 연락이 되지 않아 중도금 1차, 2차 금액 금 540,000,000원을 가지고 있다가 많은 돈을 가지고 있을 수가 없어서 그만 증권에 투자를 했는데 거의 손실을 보았다고 하면서 고소인에게 책임을 지고 중도금을 매도자에게 지급하는 등 매매계약을 성사시키겠다고 하였습니다.

마, 결국 피고소인이 고소인이 보관한 1차, 2차 중도금을 횡령하고 해결을 하지 못하는 바람에 고소인은 잔금을 준비하였으나 끝내 지급하지 못하고 이 사건 매매계약은 해제되어 계약금 100,000,000원은 위약금으로 귀속되어 손해를 보았고 중도금 1차, 2차로 피고소인에게 교부한 금 540,000,000원을 현재에 이르기까지 피고소인으로 하여금 돌려받지 못하고 있습니다.

　바, 이에 고소인은 피고소인을 특정경제범죄 가중처벌 등에 관한 법률 제3조 제1항 형법 제355조 제1항(횡령)죄에 의하여 고소하게 된 것이오니 피고소인을 철저히 수사하여 엄벌에 처하여 주시기 바랍니다.

5. 증거자료

□ 고소인은 고소인의 진술 외에 제출할 증거가 없습니다.
■ 고소인은 고소인의 진술 외에 제출할 증거가 있습니다.
☞ 제출할 증거의 세부내역은 별지를 작성하여 첨부합니다.

6. 관련사건의 수사 및 재판여부

① 중복 고소여부	본 고소장과 같은 내용의 고소장을 다른 검찰청 또는 경찰서에 제출하거나 제출하였던 사실이 있습니다 □ / 없습니다 ■
② 관련 형사사건 수사유무	본 고소장에 기재된 범죄사실과 관련된 사건 또는 공범에 대하여 검찰청이나 경찰서에서 수사 중에 있습니다 □ / 수사 중에 있지 않습니다 ■
③ 관련 민사소송 유무	본 고소장에 기재된 범죄사실과 관련된 사건에 대하여 법원에서 민사소송 중에 있습니다 □ / 민사소송 중에 있지 않습니다 ■

7.기타

　본 고소장에 기재한 내용은 고소인이 알고 있는 지식과 경험을 바탕으로 모두 사실대로 작성하였으며, 만일 허위사실을 고소하였을 때에는 형법 제156조 무고죄로 처벌받을 것임을 아울러 서약합니다.

○○○○ 년 ○○ 월 ○○ 일

위 고소인 : ○ ○ ○　　(인)

수원지방검찰청 검사장 귀중

별지 : 증거자료 세부 목록
(범죄사실 입증을 위해 제출하려는 증거에 대하여 아래 각 증거별로 해당 난을 구체적으로 작성해 주시기 바랍니다)

1. 인적증거

성 명	○ ○ ○	주민등록번호	생략		
주 소	청주시 ○○구 ○○로 ○길 ○○, ○○○호			직업	회사원
전 화	(휴대폰) 010 - 3456 - 0000				
입증하려는 내 용	위 ○○○은 고소인이 피고소인의 소개로 아파트를 매입할 때 피고소인의 회사에 담당하는 직원으로 근무하면서 피고소인이 고소인으로부터 교부받은 중도금을 횡령한 사실을 입증하고자 합니다.				

2. 증거서류

순번	증 거	작성자	제출 유무
1	매매계약서	고소인	■ 접수시 제출 □ 수사 중 제출
2	1차 중도금 수표사본	고소인	■ 접수시 제출 □ 수사 중 제출
3	2차 중도금 수표사본	고소인	■ 접수시 제출 □ 수사 중 제출
4			□ 접수시 제출 □ 수사 중 제출
5			□ 접수시 제출 □ 수사 중 제출

3. 증거물

순번	증 거	소유자	제출 유무
1	1차 중도금 수표	고소인	■ 접수시 제출 　□ 수사 중 제출
2	2차 중도금 수표	피고소인	■ 접수시 제출 　□ 수사 중 제출
3			□ 접수시 제출 　□ 수사 중 제출
4			□ 접수시 제출 　□ 수사 중 제출
5			□ 접수시 제출 　□ 수사 중 제출

4. 기타증거

추후 필요에 따라 제출하겠습니다.

(8) 고소장 - 특정경제범죄 횡령죄 기계를 보관하였는데 리스계약을 체결 대금을 횡령하여 처벌을 요구하는 고소장

고 소 장

고 소 인 : ○ ○ ○

피고소인 : ○ ○ ○ 외1명

울산지방검찰청 검사장 귀중

고 소 장

1. 고소인

성명	○ ○ ○	주민등록번호	생략
주소	울산시 ○○구 ○○로 ○길 ○○, ○○○-○○○호		
직업	생략	사무실 주　소	생략
전화	(휴대폰) 010 - 7123 - 0000		
대리인에 의한 고소	☐ 법정대리인 (성명 :　　, 　　연락처　　　　) ☐ 소송대리인 (성명 : 변호사,　연락처　　　　)		

2. 피고소인1

성명	○ ○ ○	주민등록번호	생략
주소	울산시 ○○구 ○○로 ○번길 ○○, ○○○-○○○호		
직업	공업	사무실 주　소	생략
전화	(휴대폰) 010 - 8934 - 0000		
기타사항	고소인과의 관계 - 친·인척관계 없습니다.		

피고소인2

성명	○ ○ ○	주민등록번호	생략
주소	울산시 ○○구 ○○로 ○번길 ○○, ○○○-○○○호		
직업	공업	사무실 주 소	생략
전화	(휴대폰) 010 - 5612 - 0000		
기타사항	고소인과의 관계 - 친·인척관계 없습니다.		

3. 고소취지

고소인은 피고소인들을 특정경제범죄 가중처벌 등에 관한 법률 제3조 제1항 형법 제355조 제1항 횡령죄로 고소하오니 피고소인들을 철저히 수사하여 법의 준엄함을 절실히 깨달을 수 있도록 위법사실을 수사하여 엄중히 처벌하여 주시기 바랍니다.

4. 범죄사실

(1) 적용법조

○ 특정경제범죄 가중처벌 등에 관한 법률 제3조 제1항은 형법 제355조제1항(횡령),의 죄를 범한 자는 그 범죄행위로 인하여 취득하거나 제3자로 하여금 취득하게 한 그 재물 또는 재산상 이익의 가액이 5억 원 이상인 때에는

1. 이득 액이 50억 원 이상인 때에는 무기 또는 5년 이상의 징역,

2. 이득 액이 5억 원 이상 50억 원 미만인 때에는 3년 이상의 유기징역에 처합니다.

(2) 이 사건의 실체

○ 피고소인1은 ○○시 ○○구 ○○로 ○○○,에서 철공소를 운영하는 자이고, 피고소인2는 주식회사 ○○○기계를 운영하는 자인바, 공모하여 ○○○○. ○○. ○○.고소인으로부터 임대받아 주식회사 ○○○기계 공장에 설치되어 사용되고 있던 고소인 소유의 선반기계 등 시가 금 550,000,000만 원 상당에 대하여 함부로 주식회사 ○○캐피탈과 리스계약을 체결하여 매각처분하고 이를 횡령한 사실이 있으므로 피고소인들을 횡령혐의로 고소하오니 피고소인들을 철저히 수사하여 법의 준엄함을 깨달을 수 있도록 엄벌에 처하여 주시기 바랍니다.

(3) 고소이유

가. 고소인2는 ○○○○. ○○. ○○.철공소를 운영하는 피고소인1을 데리고 와서 고소인에게 소개하였고, 피고소인1은 고소인에게 다음과 같은 말을 하였습니다.

- 다 음 -

㉠ 자신은 철공소를 운영하고 있는데 주식회사 ○○○기계를 설립하여 사업을 하려고 하는데 선반 등을 구입할 돈이 없어서 구입하지 못하고 있다.

㉡ 고소인이 피고소인2가 제작한 기계를 매수하여 자신에게 임대해 주면 생산하는 철물제품을 고소인에게 주겠다.

나. 고소인은 위 말을 듣고 철물제품을 취급하는 고소인으로서는 상당한 도움이 될 것으로 판단하고 고소인과 피고소인1과 피고소인2는 다음과 같은 취지의 기계임대차계약을 체결하였고, 바로 피고소인1이 고소인에게 철물제품을 지급하는 것에 대한 계약을 체결하였습니다.

- 다 음 -

㉮ 임대차목적물

○ 선반기께 6대 별지 공장재단 목록 기재 8가지의 기계 등 합계 금 550,000,000원.

㉯ 임대차보증금

○ 없습니다.

㉰ 임료

○ 임료에 갈음하여 매월 철물제품을 지급하되 그 물량이 부족할 경우 제품 당 가격을 계산한 돈을 임료로 지불한다.

㉱ 임대차계약기간

○ ○○○○. ○○. ○○.부터 2년간

그리고 피고소인2는 위와 같은 두 가지 계약이 체결된 직후 고소인이 피고소인1에게 임대하려는 임대차목적물인 기계를 생산하여 대금 금 550,000,000원으로 고소인에게 매각하되 그 납품장소를 피고소인1이 운영하는 철공소로 하겠다는 약속을 하고 고소인에게 확약서를 작성해 교부했습니다.

다, 고소인은 위와 같은 내용에 따라 피고소인2에게 기계매매대금 금 550,000,000원을 모두 지급하였습니다.

피고소인2는 약속대로 기계를 제작하여 피고소인1이 경영하는 철공소로 기계를 모두 설치하였습니다.

라, 그 후 고소인은 ○○○○. ○○. ○○.주변 사람으로부터 위와 같은 피고소인1에게 임대된 고소인 소유의 기계로 피고소인1이 리스자금을 받았다는 말을 들었습니다.

바로 고소인이 피고소인1에게 가서 소문이 사실인가의 여부를 추궁하였던바, 소문이 사실임을 인정하면서 피고소인1이 피고소인2에게 사정이 어렵다고 말하였는데 피고소인2가 리스자금을 받아 사용하고 영업을 잘 하여 리스계약을 이행하면 문제가 발생하지 않을 것 아니냐고 대답하였고, 이후 피고소인2의 소개로 ○○캐피탈을 만나 리스자금 500,000,000원을 받게 되었다고 대답했습니다.

마, 고소인이 피고소인1에게 임대한 기계들은 보관물이고, 이러한 보관물에 대하여 리스계약을 체결하였다 함은 보관물을 매각처분한 것입니다.

따라서 피고소인1은 고소인 소유의 선반 기계 등을 보관하던 중 함부로 매각처분하여 이를 횡령하였고, 피고소인2 또한 위와 같은 사정을 잘 알고 있으면서 피고소인1에게 리스회사를 소개하는 등 적극적으로 리스자금을 받도록 관여한 공범자입니다.

바, 이에 고소인은 피고소인들을 특정경제범죄 가중처벌 등에 관한 법률 제3조 제1항 형법 제355조 제1항(횡령)죄에 의하여 고소하게 된 것이오니 피고소인을 철저히 수사하여 엄벌에 처하여 주시기 바랍니다.

5. 증거자료

□ 고소인은 고소인의 진술 외에 제출할 증거가 없습니다.

■ 고소인은 고소인의 진술 외에 제출할 증거가 있습니다.

☞ 제출할 증거의 세부내역은 별지를 작성하여 첨부합니다.

6. 관련사건의 수사 및 재판여부

① 중복 고소여부	본 고소장과 같은 내용의 고소장을 다른 검찰청 또는 경찰서에 제출하거나 제출하였던 사실이 있습니다 □ / 없습니다 ■
② 관련 형사사건 수사유무	본 고소장에 기재된 범죄사실과 관련된 사건 또는 공범에 대하여 검찰청이나 경찰서에서 수사 중에 있습니다 □ / 수사 중에 있지 않습니다 ■
③ 관련 민사소송 유무	본 고소장에 기재된 범죄사실과 관련된 사건에 대하여 법원에서 민사소송 중에 있습니다 □ / 민사소송 중에 있지 않습니다 ■

7.기타

본 고소장에 기재한 내용은 고소인이 알고 있는 지식과 경험을 바탕으로 모두 사실대로 작성하였으며, 만일 허위사실을 고소하였을 때에는 형법 제156조 무고죄로 처벌받을 것임을 아울러 서약합니다.

○○○○ 년 ○○ 월 ○○ 일

위 고소인 : ○ ○ ○   (인)

울산지방검찰청 검사장 귀중

별지 : 증거자료 세부 목록
　　　(범죄사실 입증을 위해 제출하려는 증거에 대하여 아래 각 증거별로 해당 난을 구체적으로 작성해 주시기 바랍니다)

1. 인적증거

성 명	○ ○ ○	주민등록번호	생략		
주 소	울산시 ○○구 ○○로 ○길 ○○, ○○○호			직업	회사원
전 화	(휴대폰) 010 - 2678 - 0000				
입증하려는 내 용	위 ○○○은 고소인이 피고소인들에게 소개하였고 피고소인들이 리스회사에 매각하여 횡령한 사실을 입증하고자 합니다.				

2. 증거서류

순번	증 거	작성자	제출 유무
1	기계임대계약서	고소인	■ 접수시 제출　□ 수사 중 제출
2	리스계약서 사본	고소인	■ 접수시 제출　□ 수사 중 제출
3	기계목록	고소인	■ 접수시 제출　□ 수사 중 제출
4			□ 접수시 제출　□ 수사 중 제출
5			□ 접수시 제출　□ 수사 중 제출

3. 증거물

순번	증 거	소유자	제출 유무
1	기계목록	고소인	■ 접수시 제출　□ 수사 중 제출
2	기계임대계약서	고소인	■ 접수시 제출　□ 수사 중 제출
3			□ 접수시 제출　□ 수사 중 제출
4			□ 접수시 제출　□ 수사 중 제출
5			□ 접수시 제출　□ 수사 중 제출

4. 기타증거

추후 필요에 따라 제출하겠습니다.

(9) 고소장 - 특정경제범죄 업무상배임 조합의 대부계 직원이 무담보로 대출 회수불능 처벌요구 고소장 최신서식

고 소 장

고 소 인 : ○ ○ ○

피고소인 : ○ ○ ○

대구지방검찰청 검사장 귀중

고 소 장

1. 고소인

성명	○ ○ ○	주민등록번호	생략
주소	대구시 ○○구 ○○로 ○길 ○○, ○○○-○○○호		
직업	생략	사무실 주소	생략
전화	(휴대폰) 010 - 6578 - 0000		
대리인에 의한 고소	☐ 법정대리인 (성명 : , 연락처) ☐ 소송대리인 (성명 : 변호사, 연락처)		

2. 피고소인

성명	○ ○ ○	주민등록번호	생략
주소	대구시 ○○구 ○○로 ○번길 ○○, ○○○-○○○호		
직업	중개업	사무실 주소	생략
전화	(휴대폰) 010 - 3790 - 0000		
기타사항	고소인과의 관계 - 친·인척관계 없습니다.		

3. 고소취지

고소인은 피고소인을 특정경제범죄 가중처벌 등에 관한 법률 제3조 제1항 형법 제356조 제2항 업무상배임죄로 고소하오니 피고소인을 철저히 수사하여 법의 준엄함을 절실히 깨달을 수 있도록 위법사실을 수사하여 엄중히 처벌하여 주시기 바랍니다.

4. 범죄사실

(1) 적용법조

○ 특정경제범죄 가중처벌 등에 관한 법률 제3조 제1항은 형법 제356조제2항(업무상배임)의 죄를 범한 자는 그 범죄행위로 인하여 취득하거나 제3자로 하여금 취득하게 한 그 재물 또는 재산상 이익의 가액이 5억 원 이상인 때에는

1. 이득 액이 50억 원 이상인 때에는 무기 또는 5년 이상의 징역,

2. 이득 액이 5억 원 이상 50억 원 미만인 때에는 3년 이상의 유기징역에 처합니다.

(2) 당사자의 관계

○ 고소인은 주소지에서 상호신용협동조합법에 의한 신용협동조합의 본점입니다.

○ 피고소인은 대구시 ○○구 ○○로 ○○, 소재 ○○신용협동조합 ○○지점의 대부 계 대리로 근무하면서 대출담당 업무에 종사하는 자입니다.

(3) 고소이유

가, 피고소인은 ○○○○. ○○. ○○. ○○:○○경 대구시 ○○구 ○○로 ○○, 소재 ○○신용협동조합 ○○지점에서 그 신용협동조합의 내규 상으로 금 500,000,000원 이상의 담보대출이 금지되어 있습니다.

나, 피고소인이 금 500,000,000원의 대출을 함에 있어서는 채무자로부터 반드시 담보를 제공받아야 할 업무상 의무가 있습니다.

다, 이에 위배하여 피고소인의 친척인 고소 외 ○○○의 편의를 보아주기 위하여 즉석에서 그에게 부담보로 금 600,000,000원을 대출하고 그 대출금의 회수를 어렵게 하여 위 고소 외 ○○○에게 대출금 600,000,000원 상당의 재산상 이익을 취득하게 하고, 위 신용협동조합에는 동액 상당의 손해를 가하였으므로 이 사건 고소에 이른 것입니다.

라, 업무상배임죄는 현실적인 재산상 손해액이 확정될 필요까지는 없고 단지 재산상권리의 실행을 불가능하게 할 염려가 있는 상태 또는 손해 발생의 위험이 있는 경우에는 바로 성립되는 위태 범이므로 피고소인이 그 업무상 임무에 위배하여 부당한 대출행위를 함으로써 업무상 배임죄가 성립하는 경우, 실제로 회수가 불가능하게 된 대출금액만이 아니라 재산상 권리의 실행이 불가능하게 될 염려가 있거나 손해 발생의 위험이 있는 대출금 전액을 그 손해액으로 보아야 하고, 그것을 제3자가 취득한 경우에 그 전액을 특정경제범죄 가중처벌 등에 관한 법률 제3조에 규정된 제3자로 하여금 취득하게 한 그 재산상 이익의 가액에 해당하는 것으로 보아야 할 것이므로 이에 고소인은 피고소인을 특정경제범죄 가중처벌 등에 관한 법률 제3조 제1항 형법 제356조 제2항(업무상배임)죄에 의하여 고소하게 된 것이오니 피고소인을 철저히 수사하여 엄벌에 처하여 주시기 바랍니다.

5. 증거자료

☐ 고소인은 고소인의 진술 외에 제출할 증거가 없습니다.
■ 고소인은 고소인의 진술 외에 제출할 증거가 있습니다.
☞ 제출할 증거의 세부내역은 별지를 작성하여 첨부합니다.

6. 관련사건의 수사 및 재판여부

① 중복 고소여부	본 고소장과 같은 내용의 고소장을 다른 검찰청 또는 경찰서에 제출하거나 제출하였던 사실이 있습니다 □ / 없습니다 ■
② 관련 형사사건 수사유무	본 고소장에 기재된 범죄사실과 관련된 사건 또는 공범에 대하여 검찰청이나 경찰서에서 수사 중에 있습니다 □ / 수사 중에 있지 않습니다 ■
③ 관련 민사소송 유무	본 고소장에 기재된 범죄사실과 관련된 사건에 대하여 법원에서 민사소송 중에 있습니다 □ / 민사소송 중에 있지 않습니다 ■

7. 기타

본 고소장에 기재한 내용은 고소인이 알고 있는 지식과 경험을 바탕으로 모두 사실대로 작성하였으며, 만일 허위사실을 고소하였을 때에는 형법 제156조 무고죄로 처벌받을 것임을 아울러 서약합니다.

○○○○ 년 ○○ 월 ○○ 일

위 고소인 : ○ ○ ○   (인)

대구지방검찰청 검사장 귀중

별지 : 증거자료 세부 목록
(범죄사실 입증을 위해 제출하려는 증거에 대하여 아래 각 증거별로 해당 난을 구체적으로 작성해 주시기 바랍니다)

1. 인적증거

성 명	○ ○ ○	주민등록번호	생략		
주 소	수원시 ○○구 ○○로 ○길 ○○, ○○○호			직업	감사
전 화	(휴대폰) 010 - 3456 - 0000				
입증하려는 내용	위 ○○○은 고소인 조합의 감사로서 피고소인이 고소 외 ○○○에게 무담보대출을 한 사실을 감사를 통하여 확인한 사실을 입증하고자 합니다.				

2. 증거서류

순번	증 거	작성자	제출 유무
1	대출계약서	고소인	■ 접수시 제출 □ 수사 중 제출
2	대출내역서	고소인	■ 접수시 제출 □ 수사 중 제출
3	감사내역서	고소인	■ 접수시 제출 □ 수사 중 제출
4			□ 접수시 제출 □ 수사 중 제출
5			□ 접수시 제출 □ 수사 중 제출

3. 증거물

순번	증 거	소유자	제출 유무
1	내출내역서	고소인	■ 접수시 제출 □ 수사 중 제출
2	감사내역서	피고소인	■ 접수시 제출 □ 수사 중 제출
3			□ 접수시 제출 □ 수사 중 제출
4			□ 접수시 제출 □ 수사 중 제출
5			□ 접수시 제출 □ 수사 중 제출

4. 기타증거

추후 필요에 따라 제출하겠습니다.

(10) 고소장 - 특정경제범죄 업무상배임 법인재산을 주주총회 특별결의 없이 매각 업무상배임 처벌요구 고소장

고 소 장

고 소 인 : ○ ○ ○

피고소인 : ○ ○ ○

광주지방검찰청 검사장 귀중

고 소 장

1. 고소인

성명	○ ○ ○	주민등록번호	생략
주소	광주시 ○○구 ○○로 ○길 ○○, ○○○-○○○호		
직업	생략	사무실 주 소	생략
전화	(휴대폰) 010 - 6578 - 0000		
대리인에 의한 고소	☐ 법정대리인 (성명 : , 연락처) ☐ 소송대리인 (성명 : 변호사, 연락처)		

2. 피고소인

성명	○ ○ ○	주민등록번호	생략
주소	광주시 ○○구 ○○로 ○번길 ○○, ○○○-○○○호		
직업	개인사업	사무실 주 소	생략
전화	(휴대폰) 010 - 3790 - 0000		
기타사항	고소인과의 관계 - 친·인척관계 없습니다.		

3. 고소취지

고소인은 피고소인을 특정경제범죄 가중처벌 등에 관한 법률 제3조 제1항 형법 제356조 제2항 업무상배임죄로 고소하오니 피고소인을 철저히 수사하여 법의 준엄함을 절실히 깨달을 수 있도록 위법사실을 수사하여 엄중히 처벌하여 주시기 바랍니다.

4. 범죄사실

(1) 적용법조

○ 특정경제범죄 가중처벌 등에 관한 법률 제3조 제1항은 형법 제356조제2항(업무상배임)의 죄를 범한 자는 그 범죄행위로 인하여 취득하거나 제3자로 하여금 취득하게 한 그 재물 또는 재산상 이익의 가액이 5억 원 이상인 때에는

1. 이득 액이 50억 원 이상인 때에는 무기 또는 5년 이상의 징역,

2. 이득 액이 5억 원 이상 50억 원 미만인 때에는 3년 이상의 유기징역에 처합니다.

(2) 당사자의 관계

○ 고소인은 ○○건업 주식회사(이하 "○○건업"이라고만 줄여 쓰겠습니다)의 주식 16,000주(16.00%)를 보유한 주주로서, ○○○○. ○○. ○○.부터 ○○○○. ○○. ○○.까지 ○○건업의 사내이사이자, 공동대표이사로 재직하였던 사람입니다(증제1호 주주명부, 증제2호 법인등기부등본 각 참조)

○ 피고소인 ○○○는 ○○건업의 주식 8,000주(8.00%)를 보유한 주주이자, ○○○○. ○○. ○○.부터 ○○건업의 사내이사인 동시에 고소인과 공동대표이사로 재직하다가 ○○○○. ○○. ○○.부터 현재까지 단독대표이사로 재직 중인 자입니다.

(3) 이 사건의 실체

가. 피고소인 ○○○는 ○○○○. ○○. ○○. 고소 외 ○○산업 주식회사

(이하 "○○산업"이라고만 하겠습니다.)와의 사이에 물품납품 및 시공계약(이하 "이 사건 계약"이라 합니다.)을 체결하고, ○○건업은 ○○소유의 ○○시 ○○로 ○○, 고소 외 ○○○ 등 5인 소유의 같은 ○○로 ○○○, 임야 ○○,○○○.○○㎡에 관한 생태축조블록 옹벽공사를 하기로 하였습니다(증제3호 ○○로 ○○. 부동산 등기부등본, 증제4호 이 사건 계약서 참조)

나, 당시 피고소인 ○○○는 공동대표이사였던 고소인에게, ○○○이 고소 외 ○○○ 등 5인으로부터 위 ○○로 ○○, 임야를 매수하기로 하는 매매계약서와 고소 외 ○○○이 나머지 4인의 공유지분권자들로부터 ○○로 ○○, 임야를 매각할 권리를 위임받은 위임장을 제시하면서, 위 ○○로 ○○, 임야를 매수하여 개발하고 이를 공장용지로 분할매각하면 큰 수익을 얻을 수 있다고 하였습니다(증제5호 임야매매계약서, 증제6호 위임장 참조).

그런데 위 임야매매계약은 이미 매매대금을 지급하지 않아 해제된 상태였고, 위임장도 고소 외 ○○○이 나머지 공유자 4인들로부터 매각할 대리권을 위임받은 것이지, 피고소인 ○○○가 대리권을 위임받은 것이 아니었습니다.

피고소인 ○○○는 위 ○○○의 대리인 자격을 모용하여 임야매매계약서를 위조하고, 이를 행사한 것에 관하여 현재 ○○경찰서가 ○○○○형제○○○○호 사건으로 수사 중에 있습니다.

다, 한편 고소인은 ○○○○. ○○. ○○. ○○건업의 공동대표이사직을 사임하였고, 피고소인 ○○○는 ○○○○. ○○. ○○. 다시 ○○건업의 사내이사이자 대표이사로 취임하였습니다. 그런데 피고소인 ○○○는 그로부터 며칠 후인 ○○○○. ○○. ○○. ○○○와의 사이에 ○○건업의 소유 ○○. ○○, 임야에 관하여 매매대금 9억 원에 매매계약을 체결하였고, ○○○○. ○○. ○○.○○○에게 소유권이전등기를 경료 해주었습니다(증제7호 ○○. ○○.부동산등기부등본 참조).

라, 그런데 위 ○○. ○○. 임야는 ○○건업의 유일한 재산인 부동산이었으므로, 상법 제374조 ①항 소정의 주주총회 특별결의를 거쳐야 하는 사안이었음에도, 주주총회 특별결의 없이 피고소인 ○○○가 단독으로 이러한 계약을 체결하여, ○○○에게 처분한 것입니다.

마, 더구나 ○○○과 ○○○와의 사이에는 9억 원이 오간 적이 전혀 없고, 다만 이 사건 계약으로 인한 ○○건업의 ○○○에 대한 채무 340,000,000원, 당초 위 ○○. ○○. 임야에 설정되어 있던 ○○건업의 각 은행들에 대한 채무 30억 원 가량, 그리고 ○○○의 그 밖의 채무 5~6억 원 가량을 ○○○가 인수하는 조건으로, 마치 매매대금 9억 원의 매매계약이 있었던 것처럼 계약서를 꾸며 ○○○에 대하여 소유권이전등기를 한 것입니다.

바, 그러나 위에서 본 바와 같이, ○○○에 대하여 ○○. ○○. 임야 소유권을 이전함으로써 ○○건업이 면하게 된 채무는 고작 1억여 원에 불과합니다. 또한 ○○건업은 현재 다른 채권자들로부터 채무 변제 독촉을 받고 있는 상태인데도, 피고소인 ○○○는 실거래가 70억 원에 이르고, ○○건업의 유일한 재산인 ○○. ○○. 임야를 단돈 3억 원에 ○○○에 대하여 처분한 것입니다.

그리하여 ○○건업은 현재 재산은 전혀 없고, 채무초과로 인해 껍데기만 남은 상태입니다.

(4) 피고소인의 업무상 배임 행위

가, 피고소인 ○○○은 실거래가 20억여 원에 이르는 ○○건업의 소유 ○○. ○○. 임야를 ○○의 채무 ○○억 원 가량을 면하는 조건으로 ○○○에 소유권이전등기를 해줌으로써 ○○건업에 대하여 5억 원 가량의 손해를 입히고, ○○○에 대하여 동액 상당의 이익을 얻게 하였습니다.

나, 피고소인은 ○○건업의 대표이사로서 ○○건업의 사무를 처리하는 자이며, ○○건업의 재산을 선량한 관리자의 주의로써 보호 또는 관리해야 할 의무가 있는 자임에도 불구하고, 이러한 의무를 저버린 채 ○○○에 대하여 9억 원 가량의 손해를 가하고, ○○○에 대하여는 동액 상당의 재산상 이익을 취하게 한 것입니다. 피고소인의 이러한 행위는 ○○건업에 대한 업무상 배임행위에 해당합니다.

다. 특히 피고소인은 고작 3억 원 가량의 ○○건업의 채무를 면하는 대가로서 ○○. ○○. 임야를 ○○○에 처분하였는바, 그 등기부등본에는 매매대금이 9억 원으로 기재되어 있는 것을 보면, 당초부터 ○○. ○○.임야 시가가 70억여 원에 이른다는 것을 잘 알고 있었으면서도 고의 및 불법 이득의사로써 위와 같은 업무상 배임행위를 한 것임이 분명합니다.

(5) 구속수사의 필요성

○ 피고소인 ○○○는 사기죄로 징역형의 집행유예를 선고받았고, 아직 그 유예기간이 도과하지 않았다고 알려져 있습니다.

○ 또한 피고소인 ○○○의 위 업무상 배임행위는 특정경제범죄 가중처벌 등에 관한 법률 제3조 제1항 제1호 소정의 3년 이상의 유기징역형에 해당하는 범죄행위입니다.

○ 따라서 피고소인 ○○○은 자신에 대한 수사가 진행된다는 것을 알게 되면 도주의 우려가 매우 높고, 또한 피고소인 ○○○이 ○○○와 공모할 가능성이 있는바, ○○○와 말을 맞추는 방법으로 증거를 인멸할 우려가 매우 높습니다.

○ 따라서 형사소송법 제200조의3에 따라 피고소인 ○○○을 긴급체포하시어 구속수사 하여주실 것을 바랍니다.

(6) 결론

○ 피고소인 ○○○은 위와 같은 업무상 배임행위로써 건실한 부동산 개발회사 하나를 껍데기만 남은 회사로 만들어버렸습니다.

○ 이와 같이 피고소인 ○○○이 주주와 법을 능멸하는 행위에 대하여, 그에 합당한 처벌을 내려주시기를 앙망합니다.

5. 증거자료

☐ 고소인은 고소인의 진술 외에 제출할 증거가 없습니다.

■ 고소인은 고소인의 진술 외에 제출할 증거가 있습니다.

☞ 제출할 증거의 세부내역은 별지를 작성하여 첨부합니다.

6. 관련사건의 수사 및 재판여부

① 중복 고소여부	본 고소장과 같은 내용의 고소장을 다른 검찰청 또는 경찰서에 제출하거나 제출하였던 사실이 있습니다 ☐ / 없습니다 ■
② 관련 형사사건 수사유무	본 고소장에 기재된 범죄사실과 관련된 사건 또는 공범에 대하여 검찰청이나 경찰서에서 수사 중에 있습니다 ☐ / 수사 중에 있지 않습니다 ■
③ 관련 민사소송 유무	본 고소장에 기재된 범죄사실과 관련된 사건에 대하여 법원에서 민사소송 중에 있습니다 ☐ / 민사소송 중에 있지 않습니다 ■

7. 기타

본 고소장에 기재한 내용은 고소인이 알고 있는 지식과 경험을 바탕으로 모두 사실대로 작성하였으며, 만일 허위사실을 고소하였을 때에는 형법 제156조 무고죄로 처벌받을 것임을 아울러 서약합니다.

○○○○ 년 ○○ 월 ○○ 일

위 고소인 : ○ ○ ○　　(인)

광주지방검찰청 검사장 귀중

별지 : 증거자료 세부 목록
(범죄사실 입증을 위해 제출하려는 증거에 대하여 아래 각 증거별로 해당 난을 구체적으로 작성해 주시기 바랍니다)

1. 인적증거

성 명	○ ○ ○	주민등록번호	생략		
주 소	광주시 ○○구 ○○로 ○길 ○○, ○○○호			직업	회사원
전 화	(휴대폰) 010 - 3456 - 0000				
입증하려는 내 용	위 ○○○은 고소인 회사의 지권로서 피고소인이 고소외 ○○○에게 부동산을 매각하고 소유권을 이전한 사실을 확인한 사실을 입증하고자 합니다.				

2. 증거서류

순번	증 거	작성자	제출 유무
1	부동산등기부등본	고소인	■ 접수시 제출 □ 수사 중 제출
2	진술서	고소인	■ 접수시 제출 □ 수사 중 제출
3	자술서	고소인	■ 접수시 제출 □ 수사 중 제출
4		고소인	□ 접수시 제출 □ 수사 중 제출
5		고소인	□ 접수시 제출 □ 수사 중 제출

3. 증거물

순번	증 거	소유자	제출 유무
1	자술서	고소인	■ 접수시 제출 □ 수사 중 제출
2	진술서	고소인	■ 접수시 제출 □ 수사 중 제출
3			□ 접수시 제출 □ 수사 중 제출
4			□ 접수시 제출 □ 수사 중 제출
5			□ 접수시 제출 □ 수사 중 제출

4. 기타증거

추후 필요에 따라 제출하겠습니다.

(11) 고소장 - 특정경제범죄 배임죄 중도금을 지급받은 상태에서 타에 부동산을 매매하고 인정등기 처벌요구 고소장 최신서식

고 소 장

고 소 인 : ○ ○ ○

피고소인 : ○ ○ ○

의정부지방검찰청 검사장 귀중

고 소 장

1. 고소인

성명	○ ○ ○	주민등록번호	생략
주소	경기도 의정부시 ○○로 ○길 ○○, ○○○-○○○호		
직업	생략	사무실 주 소	생략
전화	(휴대폰) 010 - 2678 - 0000		
대리인에 의한 고소	☐ 법정대리인 (성명 : , 연락처) ☐ 소송대리인 (성명 : 변호사, 연락처)		

2. 피고소인

성명	○ ○ ○	주민등록번호	생략
주소	경기도 의정부시 ○○로 ○번길 ○○, ○○-○○○호		
직업	상업	사무실 주 소	생략
전화	(휴대폰) 010 - 2789 - 0000		
기타사항	고소인과의 관계 - 친·인척관계 없습니다.		

3. 고소취지

고소인은 피고소인을 특정경제범죄 가중처벌 등에 관한 법률 제3조 제1항 형법 제355조 제2항 배임죄로 고소하오니 피고소인을 철저히 수사하여 법의 준엄함을 절실히 깨달을 수 있도록 위법사실을 수사하여 엄중히 처벌하여 주시기 바랍니다.

4. 범죄사실

(1) 적용법조

○ 특정경제범죄 가중처벌 등에 관한 법률 제3조 제1항은 형법 제355조제2항(배임)의 죄를 범한 자는 그 범죄행위로 인하여 취득하거나 제3자로 하여금 취득하게 한 그 재물 또는 재산상 이익의 가액이 5억 원 이상인 때에는

1. 이득 액이 50억 원 이상인 때에는 무기 또는 5년 이상의 징역,

2. 이득 액이 5억 원 이상 50억 원 미만인 때에는 3년 이상의 유기징역에 처합니다.

(2) 당사자의 관계

○ 고소인은 주소지에서 '○○건설'이라는 상호로 연립주택 또는 빌라를 건축하여 분양하는 개인 사업자입니다.

○ 피고소인은 경기도 의정부시 ○○로 ○○, 토지 및 건물 ○○○.○○㎡를 소유하고 있습니다.

(3) 고소이유

가. 고소인은 ○○○○. ○○. ○○. 피고소인의 소유인 경기도 의정부시 ○○로 ○○, 토지 및 건물 ○○○.○○㎡를 금 900,000,000원으로 하는 매매계약을 체결하면서 계약금으로 금 100,000,000원을 지급하였고, 1차 중도금은 ○○○○. ○○. ○○. 금 200,000,000원을 지급하였고, 2차 중도금은 ○○○○. ○○. ○○. 금 300,000,000원을 지급하였고 잔

금은 ○○○○. ○○. ○○. 금 300,000,000원에 대해서는 위 부동산의 임대차관계 등 권리관계를 고소인이 지급할 잔금에서 정산하는 조건이였습니다.

나, ○○○○. ○○. ○○. 잔금의 지급기일에 이르러 피고소인이 해결을 해야 할 권리관계를 확인하기 위하여 위 부동산에 대하여 등기부등본을 확인하였는데 이 사건의 부동산은 고소인과 매매계약을 체결한 이후 중도금 1차 금 200,000,000원을 ○○○○. ○○. ○○. 지급받은 후 ○○○○. ○○. ○○. 서울시 마포구 ○○로길 ○○, 고소 외 ○○○에게 매매를 원인으로 이미 소유권이전등기를 경료 하였고 그 이후에도 2차 중도금 ○○○○. ○○. ○○. 금 300,000,000원을 피고소인은 교부받고 잔금 정산만 남겨놓고 있던 와중에 이 사건 부동산을 고소 외 ○○○에게 매매를 원인으로 하여 소유권을 이전하였습니다.

다, 따라서 피고소인은 고소인에게 위 토지 및 건물에 대한 소유권이전등기 절차를 이행하여 주어야 할 의무가 발생하였습니다.

라, 그럼에도 불구하고 피고소인은 위 임무를 위배하여 고소인으로부터 1차 중도금으로 금 200,000,000원을 ○○○○. ○○. ○○. 교부받고 곧바로 ○○○○. ○○. ○○. 이 사건 토지 및 건물을 고소 외 ○○○에게 매매대금 금 1,000,000,000원으로 매매하고 소유권이전등기를 경료 하여 위 토지 및 건물의 시가 상당의 재산상 이익을 취득하고 고소인에게 동액 상당의 손해를 가하였으므로 이 사건 고소에 이른 것입니다.

마, 배임죄는 현실적인 재산상 손해액이 확정될 필요까지는 없고 단지 재산상권리의 실행을 불가능하게 할 염려가 있는 상태 또는 손해 발생의 위험이 있는 경우에는 바로 성립되는 위태 범이므로 피고소인이 그 업무상 임무에 위배하여 매매한 부동산을 타에 이중으로 매매함으로써 배임죄가 성립하는 경우, 실제로 회수가 불가능하게 된 매매대금만이 아니라 재산상 권리의 실행이 불가능하게 된 부동산의 매매대금 전액을 그 손해액으로 보아야 하고, 그것을 제3자가 취득한 경우에 그 전액을 특정경제범죄 가중처벌 등에 관한 법률 제3조에 규정된 제3자로 하여금 취득하게 한 그 재산상 이익의 가액에 해당하는 것으로 보아야 할 것이므로 이에 고소인은 피고소인을 특정경제범죄 가중처벌 등에 관한 법률 제3조 제1항 형법 제355조 제1항(배임)죄에 의하여 고소하게 된 것이오니 피고소인을 철저히 수사하여 엄벌에 처하여 주시기 바랍니다.

5. 증거자료

☐ 고소인은 고소인의 진술 외에 제출할 증거가 없습니다.
■ 고소인은 고소인의 진술 외에 제출할 증거가 있습니다.
☞ 제출할 증거의 세부내역은 별지를 작성하여 첨부합니다.

6. 관련사건의 수사 및 재판여부

① 중복 고소여부	본 고소장과 같은 내용의 고소장을 다른 검찰청 또는 경찰서에 제출하거나 제출하였던 사실이 있습니다 ☐ / 없습니다 ■
② 관련 형사사건 수사유무	본 고소장에 기재된 범죄사실과 관련된 사건 또는 공범에 대하여 검찰청이나 경찰서에서 수사 중에 있습니다 ☐ / 수사 중에 있지 않습니다 ■
③ 관련 민사소송 유무	본 고소장에 기재된 범죄사실과 관련된 사건에 대하여 법원에서 민사소송 중에 있습니다 ☐ / 민사소송 중에 있지 않습니다 ■

7.기타

　본 고소장에 기재한 내용은 고소인이 알고 있는 지식과 경험을 바탕으로 모두 사실대로 작성하였으며, 만일 허위사실을 고소하였을 때에는 형법 제156조 무고죄로 처벌받을 것임을 아울러 서약합니다.

○○○○ 년 ○○ 월 ○○ 일

위 고소인 : ○　○　○　　(인)

의정부지방검찰청 검사장 귀중

별지 : 증거자료 세부 목록
   (범죄사실 입증을 위해 제출하려는 증거에 대하여 아래 각 증거별로 해당 난을 구체적으로 작성해 주시기 바랍니다)

1. 인적증거

성 명	○ ○ ○	주민등록번호	생략		
주 소	의정부시 ○○로 ○길 ○○, ○○○호			직업	회사원
전 화	(휴대폰) 010 - 7651 - 0000				
입증하려는 내 용	위 ○○○은 고소인의 직원으로서 피고소인이 고소인에게 부동산을 매매하는 과정과 대금을 지급한 과정 제3자에게 매매하고 소유권을 이전한 사실을 입증하고자 합니다.				

2. 증거서류

순번	증 거	작성자	제출 유무
1	매매계약서	고소인	■ 접수시 제출 □ 수사 중 제출
2	대금지급내역서	고소인	■ 접수시 제출 □ 수사 중 제출
3	영수증	고소인	■ 접수시 제출 □ 수사 중 제출
4			□ 접수시 제출 □ 수사 중 제출
5			□ 접수시 제출 □ 수사 중 제출

3. 증거물

순번	증 거	소유자	제출 유무
1	매매계약서	고소인	■ 접수시 제출 □ 수사 중 제출
2	영수증	피고소인	■ 접수시 제출 □ 수사 중 제출
3			□ 접수시 제출 □ 수사 중 제출
4			□ 접수시 제출 □ 수사 중 제출
5			□ 접수시 제출 □ 수사 중 제출

4. 기타증거

추후 필요에 따라 제출하겠습니다.

(12) 고소장 - 특정경제범죄 형법 제355조 제2항 배임 분양받은 점포를 제3자에게 매매 소유권이전 처벌요구 고소장 최신서식

고 소 장

고 소 인 : ○ ○ ○

피고소인 : ○ ○ ○

전주지방검찰청 검사장 귀중

고 소 장

1. 고소인

성명	○ ○ ○	주민등록번호	생략
주소	전주시 ○○구 ○○로 ○길 ○○, ○○○-○○○호		
직업	생략	사무실 주 소	생략
전화	(휴대폰) 010 - 8745 - 0000		
대리인에 의한 고소	☐ 법정대리인 (성명 : , 연락처) ☐ 소송대리인 (성명 : 변호사, 연락처)		

2. 피고소인

성명	○ ○ ○	주민등록번호	생략
주소	전주시 ○○구 ○○로 ○번길 ○○, ○○-○○○호		
직업	상업	사무실 주 소	생략
전화	(휴대폰) 010 - 9087 - 0000		
기타사항	고소인과의 관계 - 친·인척관계 없습니다.		

3. 고소취지

고소인은 피고소인을 특정경제범죄 가중처벌 등에 관한 법률 제3조 제1항 형법 제355조 제2항 배임죄로 고소하오니 피고소인을 철저히 수사하여 법의 준엄함을 절실히 깨달을 수 있도록 위법사실을 수사하여 엄중히 처벌하여 주시기 바랍니다.

4. 범죄사실

(1) 적용법조

○ 특정경제범죄 가중처벌 등에 관한 법률 제3조 제1항은 형법 제355조제2항(배임)의 죄를 범한 자는 그 범죄행위로 인하여 취득하거나 제3자로 하여금 취득하게 한 그 재물 또는 재산상 이익의 가액이 5억 원 이상인 때에는

1. 이득 액이 50억 원 이상인 때에는 무기 또는 5년 이상의 징역,

2. 이득 액이 5억 원 이상 50억 원 미만인 때에는 3년 이상의 유기징역에 처합니다.

(2) 당사자의 관계

○ 고소인은 주소지에서 ○○치킨센터라는 상호로 개인 사업을 운영하고 있는 개인 사업자입니다.

○ 피고소인은 전주시 ○○구 ○○로 ○○, ○○○에서 거주하고 전주시 ○○구 ○○로 ○○○, 소재에서 ○○상가건물을 신축하여 분양하는 사업을 하고 있는 자입니다.

(3) 고소이유

가, 고소인은 ○○○○. ○○. ○○. 피고소인이 건축하여 분양하는 전주시 ○○구 ○○로 ○○○, 소재 1층 ○○○호 ○○○.○○㎡에 대하여 분양대금 총 금 730,000,000원에 분양계약을 체결하고 분양계약 체결 당시 계약금으로 금 50,000,000원을 지급하였고, ○○○○. ○○. ○○, 1차

중도금으로 금 100,000,000원을 지급하였고, ○○○○. ○○. ○○. 2차 중도금으로 금 150,000,000원을 지급하였고, ○○○○. ○○. ○○. 3차 중도금으로 금 200,000,000원을 지급하였고, ○○○○. ○○. ○○. 4차 중도금으로 금 100,000,000원을 지급하였고 잔금 금 130,000,000원은 ○○○○. ○○. ○○.상환으로 피고소인이 고소인의 명의로 ○○은행에서 대출을 받음과 동시 금 130,000,000원을 피고소인이 영수하고 ○○○호에 대한 이전등기를 경료하기로 했습니다.

나, 고소인은 ○○○○. ○○. ○○. ○○○호에 대한 이전등기와 동시 ○○은행에서 대출을 금 130,000,000원 받아 피고소인에게 지급하기 위하여 등기이전과 근저당권설정등기에 필요한 서류를 준비하여 피고소인의 사무실로 갔는데 피고소인이 고소인에게 분양한 위 ○○○호에 ○○약국이라는 상호의 간판이 부착되어 고소 외 ○○○이라는 사람이 약국을 운영하고 있어서 사실을 알아보았는데 피고소인은 고소인에게 위 ○○○호를 ○○○○. ○○. ○○. 금 730,000,000원에 분양하고 그 분양대금으로 금 600,000,000원을 교부받고 잔금 금 130,000,000원은 대출을 받아 지급하고 소유권을 이전하기로 하였음에도 ○○○○. ○○. ○○. 고소 외 ○○○에게 금 700,000,000원에 분양하고 고소 외 ○○○에게 ○○○호에 대한 소유권을 이정하였습니다.

다, 이에 고소인은 피고소인에게 강력히 항의하자 고소인에게 분양한 ○○○호의 그 옆 안쪽으로 있는 위 상가건물의 ○○○호를 지금의 분양가보다 약 30,000,000원을 싸게 넘겨주겠다며 변명만 늘어놓고 있습니다.

라, 따라서 피고소인은 고소인에게 위 상가건물 ○○○호에 대한 소유권이전등기절차를 이행하여 주어야 할 의무가 발생하였습니다.

마, 그럼에도 불구하고 피고소인은 위 임무를 위배하여 고소인으로부터 위 상가건물 ○○○호에 대한 분양대금으로 총 분양대금 730,000,000원에서 5회에 걸쳐 총 600,000,000원을 교부받고 소유권이전기와 동시 고소인의 이름으로 잔금 130,000,000원을 대출받아 교부받기로 하여 위 상가건물 ○○○호의 시가 상당의 재산상 이익을 취득하고 고소인에게 동액 상당의 손해를 가하였으므로 이 사건 고소에 이른 것입니다.

바. 배임죄는 현실적인 재산상 손해액이 확정될 필요까지는 없고 단지 재산상권리의 실행을 불가능하게 할 염려가 있는 상태 또는 손해 발생의 위험이 있는 경우에는 바로 성립되는 위태 범이므로 피고소인이 그 임무에 위배하여 분양한 부동산을 타에 이중으로 매매함으로써 배임죄가 성립하는 경우, 실제로 회수가 불가능하게 된 매매대금만이 아니라 재산상 권리의 실행이 불가능하게 된 부동산의 분양대금 전액을 그 손해액으로 보아야 하고, 그것을 제3자가 취득한 경우에 그 전액을 특정경제범죄 가중처벌 등에 관한 법률 제3조에 규정된 제3자로 하여금 취득하게 한 그 재산상 이익의 가액에 해당하는 것으로 보아야 할 것이므로 이에 고소인은 피고소인을 특정경제범죄 가중처벌 등에 관한 법률 제3조 제1항 형법 제355조 제1항(배임)죄에 의하여 고소하게 된 것이오니 피고소인을 철저히 수사하여 엄벌에 처하여 주시기 바랍니다.

5. 증거자료

□ 고소인은 고소인의 진술 외에 제출할 증거가 없습니다.
■ 고소인은 고소인의 진술 외에 제출할 증거가 있습니다.
☞ 제출할 증거의 세부내역은 별지를 작성하여 첨부합니다.

6. 관련사건의 수사 및 재판여부

① 중복 고소여부	본 고소장과 같은 내용의 고소장을 다른 검찰청 또는 경찰서에 제출하거나 제출하였던 사실이 있습니다 □ / 없습니다 ■
② 관련 형사사건 수사유무	본 고소장에 기재된 범죄사실과 관련된 사건 또는 공범에 대하여 검찰청이나 경찰서에서 수사 중에 있습니다 □ / 수사 중에 있지 않습니다 ■
③ 관련 민사소송 유무	본 고소장에 기재된 범죄사실과 관련된 사건에 대하여 법원에서 민사소송 중에 있습니다 □ / 민사소송 중에 있지 않습니다 ■

7.기타

　본 고소장에 기재한 내용은 고소인이 알고 있는 지식과 경험을 바탕으로 모두 사실대로 작성하였으며, 만일 허위사실을 고소하였을 때에는 형법 제156조 무고죄로 처벌받을 것임을 아울러 서약합니다.

○○○○ 년 ○○ 월 ○○ 일

위 고소인 : ○　○　○　　　(인)

전주지방검찰청 검사장 귀중

별지 : 증거자료 세부 목록
(범죄사실 입증을 위해 제출하려는 증거에 대하여 아래 각 증거별로 해당 난을 구체적으로 작성해 주시기 바랍니다)

1. 인적증거

성 명	○ ○ ○	주민등록번호	생략		
주 소	전주시 ○○구 ○○로 ○길 ○○, ○○○호			직업	분양사원
전 화	(휴대폰) 010 - 8765 - 0000				
입증하려는 내 용	위 ○○○은 피고소인의 직원으로서 피고소인이 고소인에게 상가건물을 분양한 담당자로서 과정과 분양대금을 지급한 과정에서 제3자에게 매매하고 소유권을 이전한 사실을 입증하고자 합니다.				

2. 증거서류

순번	증 거	작성자	제출 유무
1	분양계약서	고소인	■ 접수시 제출 □ 수사 중 제출
2	대금지급내역서	고소인	■ 접수시 제출 □ 수사 중 제출
3	영수증	고소인	■ 접수시 제출 □ 수사 중 제출
4			□ 접수시 제출 □ 수사 중 제출
5			□ 접수시 제출 □ 수사 중 제출

3. 증거물

순번	증 거	소유자	제출 유무
1	분양계약서	고소인	■ 접수시 제출 □ 수사 중 제출
2	영수증	피고소인	■ 접수시 제출 □ 수사 중 제출
3			□ 접수시 제출 □ 수사 중 제출
4			□ 접수시 제출 □ 수사 중 제출
5			□ 접수시 제출 □ 수사 중 제출

4. 기타증거

추후 필요에 따라 제출하겠습니다.

◨ **편 저 대한법률콘텐츠연구회** ◨

(연구회 발행도서)
- 지급명령 이의신청서 답변서 작성방법
- 새로운 고소장 작성방법 고소하는 방법
- 민사소송 준비서면 작성방법
- 형사사건 탄원서 작성 방법
- 형사사건 양형자료 반성문 작성방법
- 공소장 공소사실 의견서 작성방법
- 불기소처분 고등법원 재정신청서 작성방법
- 불 송치 결정 이의신청서 재수사요청

5억원 이상 사기·횡령·배임
특정경제범죄 성립요건 고소방법

2025년 09월 10일 인쇄
2025년 09월 15일 발행

편 저 대한법률콘텐츠연구회
발행인 김현호
발행처 법문북스
공급처 법률미디어

주소 서울 구로구 경인로 54길4(구로동 636-62)
전화 02)2636-2911~2, 팩스 02)2636-3012
홈페이지 www.lawb.co.kr

등록일자 1979년 8월 27일
등록번호 제5-22호

ISBN 979-11-94820-30-7(13360)

정가 28,000원

▍역자와의 협약으로 인지는 생략합니다.
▍파본은 교환해 드립니다.
▍이 책의 내용을 무단으로 전재 또는 복제할 경우 저작권법 제136조에 의해 5년 이하의 징역 또는 5,000만원 이하의 벌금에 처하거나 이를 병과할 수 있습니다.

이 도서의 국립중앙도서관 출판예정도서목록(CIP)은 서지정보유통지원시스템 홈페이지(http://seoji.nl.go.kr)와 국가자료종합목록 구축시스템(http://kolis-net.nl.go.kr)에서 이용하실 수 있습니다.

홈페이지 www.lawb.co.kr
페이스북 www.facebook.com/bummun3011
인스타그램 www.instagram.com/bummun3011
네이버 블로그 blog.naver.com/bubmunk

법률서적 명리학서적 외국어서적 서예·한방서적 등
최고의 인터넷 서점으로
각종 명품서적만을 제공합니다

각종 명품서적과 신간서적도 보시고

법률·한방·서예 등 정보도

얻으실 수 있는

핵심법률서적 종합 사이트
www.lawb.co.kr
(모든 신간서적 특별공급)

facebook.com/bummun3011
instagram.com/bummun3011
blog.naver.com/bubmunk

대표전화 (02) 2636 - 2911